노답교실 821

국립한경대학교
2021 학제간 융합수업 티칭 포트폴리오
비대면으로 활동 중심 수업하기

초판 1쇄 발행 2022년 3월 15일

지은이 이상선, 허정
펴낸이 김동명
펴낸곳 도서출판 창조와 지식
아트디렉팅 김민수
편집 디자인 김유리, 심지혜
표지 디자인 김유리, 심지혜
진행 김혜수
교정 오신원
인쇄 (주)북모아

출판등록번호 제2018-000027호
주소 서울특별시 강북구 덕릉로 144
전화 1644-1814
팩스 02-2275-8577

ISBN 979-11-6003-433-2
정가 18,000 원

2021 융합교육 수강생

강경일, 강효준, 곽서영, 김기선, 김병준, 김봉주, 김세현, 김승환, 김유리18, 김유리19, 김은서, 김이환, 김지운, 김채영, 김하연, 김현진, 김혜수, 김호수, 박상준, 박세령, 박소현, 박찬호, 변한선, 송도현, 신혜정, 심유주, 심지혜, 윤성진, 이경엽, 이명서, 이성민, 이창현, 이현욱, 이형섭, 이희민, 전민수, 정시헌, 조민지, 지영아, 진해인, 최인선, 한유진18, 한유진19

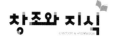

지식의 가치를 창조하는 도서출판
WWW.mybookmake.com

노답교실 821

국립한경대학교
2021 학제간 융합수업
티칭 포트폴리오
비대면으로
활동 중심 수업하기

이상선 허정 지음

머리말

조카는 "2학년 마칠 즈음이 되도록 대학 친구를 단 한 명도 사귀지 못했다"고 했다. 서울 소재 인문계열 학과에 재학 중인 20학번 조카는 2020년부터 2년 동안 전 학기를 비대면으로 수강했다. "학과의 단체 대화방이나 학과 게시판은 있지만, 공적인 공지 이외에 교우관계를 형성할 수 있는 적절한 상호작용 채널이 없다"고 했다. 대학에서 다양한 경험을 하려던 조카의 희망은 물거품이 되었다. 나는 충격을 받았다. 우리 학과 학생들은 어땠을까? 우리 학과라고 크게 달랐다고 할 수 있을까? 나는 학교에서 도대체 무엇을 한 것인가? 공부란 무엇인가? 대학이란 무엇인가? 이런 질문을 뒤늦게 하게 되었다.

코로나19 사태로 비대면 교육을 불가피하게 시작했다. 나의 수업에서는 실습, 비평, 팀 활동이 중요하다. 비대면 교육 환경에서 여러 가지 도전에 직면했다. 장비를 갖추고, 방법을 익히고, 교수자 그룹과 연습을 했다. 비대면 수업 첫 학기, 한 학기가 어떻게 지나갔는지 모를 정도로 정신없이 흘러갔고, 비대면 첫학기를 마칠 즈음에 학생들의 상황은 어땠는지 점검할 마음의 여유가 생겼다.

나는 사용자 경험 디자인을 지도하는 교수자다. 나는 학습자를 사용자로 보고, 설문과 인터뷰를 했다. 비대면 교육과 관련된 자료를 읽고, 나의 수업을 다음과 같이 돌아보기 시작했다. 일타 강사의 고품질 인강에 익숙한 대학생들에게 온라인 교육에 서툰 교수의 인강 품질은 내용과 형식 모든 측면에서 실망스러웠다는 것을 확인할 수 있었다. 대학에 왔으나 온종일 모니터를 들여다보며 생활하고 있는 학생들은 집단적 우울감, 심리적 고립감을 호소하기도 했다. 수업을 들을 독립된 공간, 충분한 성능의 장비, 네트워크 환경을 갖추기 어려운 경우도 있었다. 비대면 수업 첫 학기에 나는 학생들이 겪는 이 모든 어려움을 놓치고 있었다.

2년 동안 거의 비대면으로 수업을 진행하면서 학기마다 조금씩 배움과 변화가 있었다. 첫 학기에는 수강생에 대한 이해, 두 번째 학기에는 비대면 환경에서 다양한 활동 중심 수업의 시도, 세 번째 학기에는 비대면 교육 운영의 숙련, 네 번째 학기에는 대면 교육과 비대면 교육을 하나의 형태로 운영하게 되었다. 이 책의 6장에서 저자의 경험을 토대로 비대면 교육 환경에서 효과적이었던 활동 중심 수업 운영 방법을 소개한다. 비대면 교육 환경에서 수강생에 대한 이해, 교수자 환경구축의 주의점, 비대면 교육 활동에서 사용할 수 있는 다양한 수업 도구와 교수활동의 예시를 다루고 있다. 비대면 환경에서의 효과적인 활동 중심 수업 운영과 가능성에 대해 관심이 많은 교수자에게 참고가 되기를, 논의의 기회가 되기를 기대한다.

〈노답교실 821(2022)〉표제에서 '노답교실'이라는 단어는 2015년 융합수업 중에 한 수강생의 표현에서 가져온 것이다. 학생은 이 수업이 '정답'보다는 '문제'에 초점을 맞춘다, 이 수업은 어려워서 '노답'이다라는 중의적인 뜻에서 한 말이었다. '노답교실'은 한경대 융합수업의 애칭(?)이 되었다. 821은 저자가 소속한 대학 학부 과정에서 '8'번째로 수행한 융합교육에 대한 기록으로 '2021'년에 진행된 것임을 표시한다.

이 책은 융합교육을 수행한 경영전공, 디자인전공의 두 교수자가 자신의 교육철학, 준비과정, 진행과정, 결과물, 성찰과 평가를 순서대로 기록한 티칭 포트폴리오 이다. 또한 한 학기 융합교육 과정 전체를 기술하고 있으므로 학제간 융합교육을 하려는 교수자에게는 융합교육 가이드의 역할을 할 수 있기를 기대한다. 본 대학에서 융합교육 수행 후 출판한 전작 〈학제간 융합교육 실천방법론(2015)〉, 〈노답교실(2016)〉, 〈노답교실 516(2017)〉도 티칭 포트폴리오다. 이 책의 기술 흐름과 내용 중 상당 부분은 전작의 것을 따르고 있다. 그러나 〈노답교실 821(2022)〉은 수업의 이해관계자, 프로젝트 내용은 전작과 다르게 구성되어 있다. 또한 비대면 교육 경험을 비중있게 다루고 있다.

2015년부터 융합교육의 기록을 해마다 책으로 출판하다가 몇 해 동안 중단했다. 수업 진행의 방식 면에서 발전이나 진전이 없다고 느꼈기 때문이다. 2020년, 2021년 융합수업을 비대면으로 진행하면서, 기록이 필요하다는 생각이 들었다. 대면과 비대면 환경에서의 교육은 분명 차이가 있었다. 비대면 교육 환경에서 활동 중심 수업은 큰 도전이었다. 대면과 비대면 환경 각각의 장단점도 발견할 수 있었다. 이 책은 비대면 교육 환경에서 어떻게든 활동 중심으로 수업을 운영하고자 노력했던 두 교수자의 시행착오와 고군분투 과정을 기록하고 있다.

이 책의 특징은 다음과 같다. 1) 경험에 기반한 구체적인 사례에 대한 자전적인 설명문이다. 수업의 전 과정을 시간 순서로 기술하고 있다. 읽다 보면 어떤 교수자의 수업을 마치 옆에서 구경하거나 설명 듣는 것과 같은 효과를 가진다. 2) 수업의 설계를 돕는 다양한 양식이 담겨있다. 융합교육을 수행하려는 교수자는 이 책에 있는 다양한 양식을 활용하여 자신의 수업 윤곽을 잡는 데 활용할 수 있을 것이다. 3) 비대면 환경에서 활동 중심 수업 운영 예시를 볼 수 있다. 이 책에 소개된 도구와 수업 활동을 각자의 교육내용에 맞게 변형하여 활용한다면 비대면 교육 환경에서도 활동 중심의 수업을 운영하는데 도움이 될 것이라 믿는다. 4) 지면과 화면을 넘나드는 혼합형 저술 방식을 채택하고 있다. 지면에 있는 URL 또는 QR코드를 통해 연결된 온라인 자료를 열람할 수 있다. 온라인의 자료는 지면의 크기, 쪽수, 매체의 특징 때문에 담지 못하는 영상, 설문지, 도표 등 다양한 디지털 자료이다. 이와 같은 혼합형 저술방식을 통해 독자도 지면과 디지털 미디어를 넘나들면서 입체적인 독서가 가능하도록 했다.

유발하라리는 〈사피엔스〉에서 호모 사피엔스가 지구에서 살아남은 이유를 '존재하지 않는 것을 상상할 수 있는 능력을 통해 대규모 협력을 이끌어 내기 때문'이라 했다. 뤼트허르 브레흐만은 〈휴먼카인드〉에서 가장 중요한 승리의 요인을 '서로 따라하면서 빠르게 학습했던 사피엔스의 사회적 학습능력'으로 꼽았다. 자밀 자키는 〈공감은 지능이다〉에서 공감은 타고난 능력이나 성향이 아니라 훈련에 의해 향상될 수 있으며, 공감력의 확대를 통해, 인간관계, 조직, 문화 모두를 개선할 수 있음을 역설한다.

그러나 비대면 교육 환경에서 학습자는 개개인으로 파편화되어, 각각의 공간에서, 파편적인 지식을 일방적으로 학습해야 했다. 학교는 협력, 연대, 공감을 연습하는 공간이어야 한다 생각한다. 팬데믹 시국 학교는 지식전달이라는 절반의 기능만 한 것이 아닐까? 학교에서 협력, 연대, 공감을 체험, 훈련, 강화하지 않는다면 학생들은 어디에서 이를 연습할 수 있을까? 그리고 융합교육은 이를 연습하는데 최적의 환경을 제공한다. 학교를 그런 공간으로 만드는 책임의 상당은 교수자인 나에게 있지 않을까? 이 이야기는 두 교수자가 비대면 교육의 한계를 극복하기 위해 어떤 과정과 방법을 시도했는지, 어떤 어려움이 있었는지 기록하고 그 과정을 성찰하는 내용을 담고 있다.

2022년 3월
비대면 교수자 동지 이상선, 허정

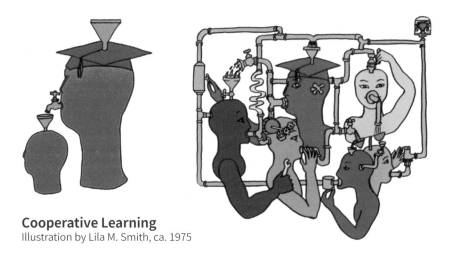

Cooperative Learning
Illustration by Lila M. Smith, ca. 1975

목차

제 1장
왜 학제간
융합수업을
하는가?

1-1

디자인전공
이상선

1
최성욱(2016)

2
하나씩 더해서 꼽다.

최성욱(2016)은 융합교육의 본위를 융합과 교육의 두 가지로 나누고, 각각을 본위로 하는 융합교육의 가치구현 양태가 어떻게 다른지를 검토하고 있다. 융합을 본위로 한 교육은 학문과 기술의 최정상에 도달하는 것을 지상목표로 삼고 소수정예의 양성에 치중한다. 교육을 기본으로 한 융합교육은 수준의 높낮이와 상관없이 어느 수준에서나 다음 단계를 목표로 삼고 서로 어려움에서 구해주거나 도와줌으로써 학습할 수 있도록 배려한다. 최성욱은 본위에 따라 융합교육의 양태가 큰 차이를 보이는 만큼 그 본위 선택에 신중을 기해야 한다고 주장한다.[1] 내가 진행하는 융합교육은 '교육'에 무게를 두고 있으며 융합은 '더 나은 교육'을 위한 방편으로 채택하고 있다.

왜 학제간 융합수업을 하는가?

학제간 융합수업을 통해 '헤아림[2]'에 대한 실천적 교육을 하기 위해서이다. 내가 지도하는 교과목은 '사용자 경험 디자인'이다. 사용자 경험 디자인은 사용자의 불편과 욕망을 헤아려 사용자에게 더 만족스러운 유형, 무형의 경험을 제공하는 것을 목적으로 한다. 학제간 융합수업을 하는 교수자와 수강생은 이 수업을 진행하는 동안 동료, 팀원, 사용자, 고객, 커뮤니티 구성원 등 다양한 이해관계자에 대해 극단적인 '헤아림'의 국면에 맞닥뜨리게 된다. 사용자 경험 디자인에서 다루는 조사 방법은 사실 사용자를 헤아리는 방법을 체계화한 것이다. 사용자 경험 디자인을 가장 효과적이고 실천적으로 학습할 수 있는 방법은 학제간 융합수업일 것이다.

융합교육은 디자인 교육을 위한 '맥락'을 제공한다. 디자인은 인적, 물적, 공간적 맥락 속에서 이루어지는 의도적 조형 활동이다. 경험 디자인은 조형적인 측면 뿐 아니라 경험까지를 포괄한다. 바람직한 경험 디자인은 디자인 할 대상의 맥락이 가진 여러 요인을 종합적으로 분석하여, 이에 합당한 디자인 방안을 맥락적으로 제시해야 한다. 프로젝트 기반의 학제적 융합수업은 교수자와 학습자에게 학습할 대상에 대한 입체적인 맥락을 제시해준다.

융합교육은 교수자인 나 자신의 성장에 큰 기회가 되며, 나는 이 경험을 학생과 공유하고자 한다. 나는 2012년부터 다른 교수자와 함께 융합수업을 준비, 수행, 정리하는 과정에서 다른 어떤 경험보다 가치 있는 성장을 했다. 경영, 공학, 농학, 문예창작, 디자인 등 다른 지적인 배경을 가진 전문가와의 소통은 내 생각의 지평을 넓혀주고, 내 전공의 깊이를 더하도록

해준다. 함께 융합교육이라는 프로젝트를 운영하면서 리더십, 파트너십, 팔로우십을 배웠다. 또한 다른 교수자의 강의를 들으면서 그들의 장점을 배우는 것과 동시에, 학생 체험을 통해 나의 강의를 성찰할 수 있었다. 그뿐만 아니라 융합수업을 함께 한 교수자와는 모두 친구가 되어 우정을 나누게 되었다. 융합수업은 내가 경험한 이 모든 성장의 기회를 학습자에게 자연스럽게 제공할 수 있는 최선의 방안이다.

학습자를 어떻게 볼 것인가?

학습자에 대한 나의 인식은 교육의 '수용자'에서 '학습 주체자', '학습 동반자'로 변화하고 있다. 2004년 대학에 부임했을 때 나는 학습자를 내가 제공하는 교육 서비스에 대한 '수용자'로 보았다. 그러나 2011년 교수법 컨설팅을 받으면서, 교육의 주체는 교수자가 아니라 학습자가 되어야 하며, 교수자의 역할은 학습자의 변화를 이끌어 내는 것이라는 점을 배우게 되었다. 컨설팅을 받은 이후에, 나는 학습자를 '학습 주체'로 참여시키기 위해 교수법에 큰 변화를 주기 시작했다.

이후 2012년 융합수업을 진행하면서부터 학습자에 대한 나의 관점은 '학습 동반자'로 변화하고 있다. 학제간 융합수업의 학습자 중 다른 전공의 학습자는 해당 전공 부분에 대해서 교수자인 나보다 전문성이 높을 수 있기 때문에 나는 이 학습자에게 해당 전공에 대해 배우고 협력해야 한다. 학습 동반자는 함께 배우고, 함께 고민하고, 함께 이루어 낸다.

어떻게 가르칠 것인가?

나는 각각의 학습자에게 개별화된 교육 경험을 제공하고자 노력하고 있다. 융합수업을 하기 전, 나는 한 교실에 있는 '한 무리의 학생들'을 대상으로 수업을 했다. 그러나 지금은 '한 명의 학생'을 따로따로 바라보고, 신뢰와 애정에 바탕을 둔 '학습 동반자'로서 수업에 임하려고 노력한다. 나는 지난 학기를 통해 학생에 대해 알게 된 점과 학기 초에 학생들이 작성하는 자기소개서, 학생과의 개별적인 면담을 통해서 학생의 관심, 장래의 희망, 처해진 상황, 학업성취도, 건강 상태 등을 이해하고자 애쓴다. 이러한 이해를 바탕으로, 나는 개별화된 교육 경험을 제공하고자 노력하고 있다. 이러한 나의 교수 태도는 함께 융합수업을 하면서 만난 다른 교수자의 교수 태도를 보면서 배운 것이다.

나는 수강생 각자의 자기 주도적 학습과 메타인지를 촉진할 수 있는 환경을 구축하고자 한다. 이를 위해 나는 수강생이 자신의 관심에 따라 프로젝트 유형을 선정하게 하고, 개별적인 학습 포트폴리오를 작성하도록 독려한다. 또한 수강생 한 명 한 명이 자신의 관심에 따라 개별화된 교육 목표를 수립하게 하고, 수업을 진행하는 동안 배운 것, 조사한 것, 익힌 것, 만든 것, 질문, 성찰 일지 작성을 통해 자신의 지식 체계를 스스로 구축하는 것을 촉진하고자 한다.

학습자에게 어떤 교수자로 기억되고 싶은가?

주변에 긍정적인 영향을 주었던 '닮고 싶은 선배 디자이너'로 기억되고 싶다. 경청하는 태도로 사람들의 이야기를 귀 기울여 들었고, 겸손한 태도로 항상 배우려 했던 선배로 기억되고 싶다. 또한 학습 동반자로서 학습자와 함께 고민했던 원칙과 약속을 잘 지켜 모범을 보인 교수자로 기억되고 싶다. 아울러 수업에서 했던 여러 가지 교육 활동을 통해서 좋은 습관의 형성을 도왔던 교수자로 기억되고 싶다.[3]

비대면 교육 환경에서의 도전과 변화

2020년부터 불가피하게 시작된 비대면 교육은 나를 많은 도전에 맞닥뜨리게 했다. 4학기 동안 거의 비대면으로 교육을 진행하면서, 다음과 같은 단계의 교수 경험의 변화를 겪게 되었다.[4]

1. 극단적 피로 단계: 변화된 비대면 교육 환경 적응에 안간힘을 쓰고 피로감을 느끼며, 비대면 교육 도구를 조사하고 시도하는 단계
2. 다양한 비대면 교수법 시도 단계: 비대면 교육 환경의 특성과 수강생에 대한 이해를 토대로, 활동 중심 교육을 실천하기 위해 다양한 교구를 활용하고 시행착오를 겪는 단계
3. 비대면 교수 숙련 단계: 비대면 교육 환경에 익숙해지고, 다양한 교구를 적극적으로 활용하여 대면 수업과 차이 없이 활동 중심 수업을 능숙하게 운영하는 단계
4. 온/오프 혼합 실천 단계: 대면 교육 환경과 비대면 교육 환경에서의 다

양한 교육활동의 장단점을 파악하고 숙련하여, 온/오프 하이브리드 형식으로 자유자재로 수업을 운영하는 단계

나는 위와 같은 과정을 거치면서 관습적이었던 나의 교육 방식을 반성적으로 성찰하게 되었다. 또한 비대면 교육 환경에서의 더 나은 방식에 도전하고 익히는 과정 중에 교수자로서 스스로에 대한 효능감을 느낄 수 있었다. 한편, 적응 과정을 거치면서 교육의 환경이 대면에서 비대면으로 바뀌더라도 교수자의 교육 철학이나 신념을 지킬 수 있겠다는 가능성을 발견할 수 있었다. 즉, 공감의 실천적 교육, 학습 주체인 학습자와 공동체 형성, 교수자와 학습자 간의 개별적이고 밀접한 관계 형성이 가능할 수 있다는 것을 경험할 수 있었다. 뿐만 아니라 대면 교육이 가능한 환경이 되더라도 비대면 교육에서 경험한 다채로운 경험을 수업에 적용하여 교육의 품질을 높일 수 있겠다는 가능성도 발견하게 되었다.

1-2
경영전공
허정

우리는 교육환경의 변화에 대응해야 한다는 문제의식에 다같이 공감하고 있다.

세상에... 너무나 달라진 상황이었다. 한경대학교에 임용되어 3년 만에 다시 학교에서 강의를 시작한 내가 느끼는 학교의 모습은 과거 시간강사 시절 기억하는 학교의 모습과 많이 달랐다. 시간강사를 할 때는 이렇지 않았는데 연구기관에 잠시 근무하다가 학교로 돌아와 보니 나는 갑자기 옛날 사람이 되어있었다. 3년 전만 해도 나는 나름대로 수업을 잘한다고 자부하고 있었고, 내가 학생을 적극적으로 끌고 가는 열혈 강사였다. 그런데 3년이 지난 시점의 나는 오랜 기간 요즘 20대와의 소통이 없었고 학생을 대하는 방식에 대한 자신감도 사라진 상태였다. 나는 순식간에 변화된 교육 환경에 적응을 못 하는 바보 교수가 되어 내가 혹시 '꼰대'가 된 것은 아닐까 고민이 되기 시작했다.

그사이 달라진 것은 또 있었다. 코로나19가 일상화되었다. 3년 전만 해도 나는 사이버 캠퍼스를 가장 잘 활용하는 강사 중 하나였다. 전산을 활용한 교육을 다른 사람에 비해 비교적 앞서 나간다고 생각하고 있었고, 교수자는 전문지식을 전달하는 효과적인 교수법에 대해서만 고민하면 수업과

관련된 문제가 해결된다고 생각했다. 그런데 돌아와보니 연구기관 근무 시절 가끔 하던 ZOOM 회의를 학교에서는 매일 진행해야 하는 비대면 교육의 연속이었다. 과거 ZOOM 회의 준비와 진행에 대해 기록을 남기는 것은 행정직의 지원 업무인 관계로 한 번도 해보지 않은 나는 임용 후 비대면 수업을 기록하는 방법을 몰라 같은 내용을 3번이나 다시 녹화한 적도 있다. 임용 후 첫 학기를 가르쳐보고 앞으로 어떻게 가르쳐야 할지 걱정되었다. 어떤 게 맞는 걸까, 학교에서도 교수법과 관련된 여러 가지 향상 프로그램을 제안하고 있었고 개인적으로도 어떤 방법으로 수업의 방식을 바꿔야 할까 고민되었다. 이런 시간이 계속되다 보면 교수가 학생을 보는 것이 두려워지지 않을까 하는 조바심이 들기 시작했다. 그때 융합수업을 맡아서 해보면 어떻겠는가 하는 제안을 받았다. 이렇게 수업을 시작한 지 얼마 안 돼 구멍 난 밑천 때문에 무작정 시작하게 된 융합수업은 앞으로 내가 그동안 활용해왔던 교육 방법론과 교수법에 대한 방식을 조금씩 바꿔야겠다는 결심을 들게 한 계기가 되었다.

미래 업무 방식의 변화는 교육 방법의 변화를 유도하고 있다.

몇 년 전, 나는 갈수록 많아져 가는 나이를 어찌하지 못하고 일단은 안정적인 직장을 가진 후에 학교에 도전해봐야겠다는 생각으로 '소프트웨어정책연구소'라는 정책 연구기관에 근무한 적이 있었다. 그전까지만 해도 마케팅과 소비자만 알던 나는 정책 연구기관에 입사하는 시점에 4차 산업혁명의 바람을 정통으로 맞게 되었다. 데이터의 저장 기술과 이를 바탕으로 전통 방식의 제조 및 서비스 제공이 디지털 방식으로 전환되었다. 이를 가속화하는 디지털 신기술, 인공지능, 클라우드, 가상/증강현실, 블록체인, 사물인터넷이라고 하는 기술들이 산업의 영역뿐만 아니라 생활과 사회의 전면에 나타나게 되었다. 이러한 정책 연구를 통해 융합기술이 우리 사회에 미치는 변화를 관찰함으로써 다른 사람들보다는 먼저 질적인 변화를 체감할 수 있었다.

내가 연구소에서 근무하면서 느낀 점 중 하나는, 다양해지는 IT 기술의 변화가 다가오는 미래 예측을 갈수록 어렵게 만든다는 점이다. 과거에는 시기를 관통하는 주류 기술이 있어, 해당 기술에 대한 예측을 잘하면 어느 정도 정확한 중장기 예측이 가능했다. 그러나 이제는 기술들이 통합되고 그 형태가 변화함에 따라 기존의 기술 체계나 산업 체계에 들어맞지 않는 경우가 많아지면서 현재 예측 시뮬레이션의 한계가 드러나기 시작했다. 그래서 양적인 예측보다 중요해진 질적인 예측을 하기 위해, IT/소프트웨어 변화에 따라 일하는 방식의 변화가 가져올 미래 직업을 예측하는 연구를 수행한 적이 있다. 세상은 앞으로 어떻게 변화할 것인가, 앞으로 무엇을 공부해야 할 것인가, 결국 무슨 직업을 가져야 할 것인가 등에 대한 것이었다.

해당 연구의 주요 결과는, 직업이 변화하는 것은 하나의 직업을 구성하고 있는 직무가 변화하고 있는 것이고, 이러한 직무들이 미래 수요에 따라 새롭게 요구됨에 있어 직업이 변화하고 있다는 사실이었다. 직무란 목적을 달성하기 위해 일하는 방식을 의미하는 것인데, 미래에 일하는 방식의 변화는 결국 이러한 상황에 맞는 교육 방식을 고민하게 만드는 것 같다. 미래에는 조직 내 팀 단위로 일하는지, 개인 프리랜서의 형태로 일하는지 혹은 전체 결과물에서 명확하게 구분되는 일부분을 담당하는지, 여러 기능이 통합되어 하나의 시스템으로 결과물이 나오는지에 따라 일하는 방식이 달라진다. 즉, 주어진 상황에 대한 문제 해결을 바탕으로 필요한 교육의 구체적인 모습을 그려 나가야 하는 어려움이 있다.

기존 경영학에서의 융합교육은 한계점에 다다르고 있다.

2000년대 이후 경영학이나 마케팅 수업에서도 문제 기반 학습(PBL, Problem Based Learning)은 많이 활용되어 왔다. 덕분에 사회과학 분야를 공부하고 가르치는 사람들에게도 산학협력이라는 개념이 중요한 과제가 되었다. 처음 배우는 학생의 눈으로 수업 시간에 배운 이론을 적용하고, 팀원들과 함께 머리를 싸매고 아이디어를 쥐어짜던 경험들은 기업의 실제 경영 문제를 해결하는 데 도움이 될 수 있다. 이는 기업 입사를 목표로 하는 많은 이들에게 자신감을 갖게 해주고, 직장생활을 간접적으로 경험할 수 있게 해 준다는 점에서 매우 효과적인 교육으로 여겨져 왔다. 다만 해가 갈수록 창의적이지 못하고, 유사하며 반복되는 문제 해결 방식을 적용하게 된다는 점이 PBL이 가지는 한계점이었다.

경험해 보지 못한 부분에 대해 사람들의 시야는 제약될 수밖에 없다. 실제로 나도 융합수업에 참여하면서 서로 전공이 다른 학제간 지식이 융합되는 것이 현실적으로 실현 가능한 것인가에 대한 의문이 들었다. 그리고 이러한 회의감은, 과거 경영학과 수업에서 팀 활동에 많이 기여하지 못하는 타 전공 학생들의 모습을 보면서 '다른 전공 지식이 섞인다는 것이 어려운 일이구나'하는 확증으로 이어져 왔다. 결국, 학생 스스로 융합방식의 교육을 통해 효과적인 학습을 하는 것은 어려운 일이라고 판단하게 되고 미래 교육에 대한 불신이 지속되는 상황이었다.

사실 가르치는 입장에서 과거의 융합수업은 어떠한 전공 영역의 지식이 활용되는지에 대한 관심이 주된 내용이었다. 주어진 상황에 대해 각 전공 영역별로 필요하다고 생각되는 지식들을 불러와서 '이를 어떻게 통합하여 문제 해결에 필요한 해결책으로 제공할 것인가'에 대해 구체적인 답안으로 제시하는 형태에 가까웠다고 본다. 문제는 교수자 본인도 타 전공 영역의 전문지식을 잘 이해하지 못한다는 점이다. 그래서 지도하는 사람의 전공 지식을 중심으로 이해가 쉽거나 하나의 지식으로 통합하기 쉬운 타 전공 영역의 지식 일부를 빌려와서 융합 지식의 결과물로 활용했던 것 같다. 그리고 이러한 과정은 배우는 학생들 입장에서 기존 지식에 새로운 지식을 일부 추가하는 형태로 지식의 활용이 제한된 측면이 있다.

새로운 교육은 합의된 지식이 아닌 합의된 방법론을 중심으로 정보를 재구성해 보는 것이다.

이번 융합수업을 경험해 본 소감은 지식을 통제할 필요가 없다는 것이다. 그동안 나를 비롯한 많은 교수자는 동일한 내용의 정보가 동일한 학생들에게 전달되어야 한다는 데 강박관념을 가지고 있었던 듯하다. 그러나 실제 수업을 진행하면서 학생들 간에 자발적인 팀 활동을 통해 훨씬 다양한 지식을 이해하고 새로 구성한 정보를 바탕으로 문제 해결 능력이 개선됨을 확인할 수 있었다. 즉, 자신들이 이해한 바를 타 전공 팀원들에게 훨씬 더 효과적으로 전달할 수 있었다. 결국, 교수자가 통제해야 할 것은 지식의 결과물이 아닌 지식을 만들어가는 과정과 규칙이다.

교수자가 흔히 잘못된 방향으로 융합교육을 설계하는 부분은 기존 교육 방식의 부분적인 수정을 통해 융합교육의 목표를 달성할 수 있다고 생각하는 점이다. 특히 융합교육 과정 전체를 통해 동일한 결과물을 기대하기에 십상이다. 그러나 이러한 기존의 교육 방식은 융합교육을 통해 재구성되는 지식의 확장성을 제한하고 있다. 그동안 기존 교육방식은 지식의 활용 측면을 외면해 온 것과 달리, 융합교육의 진수는 습득한 지식의 활용 가능성이다. 나는 융합수업의 경험을 통해 교수자가 학생들 간 지식을 논의할 방법에 대한 합의된 가이드라인을 제공하는 역할을 담당할 때 수업의 성과가 가장 효과적임을 깨달았다.

학생들은 팀 활동을 통해 자발적으로 지식을 융합하고 새롭게 구성된 정보를 바탕으로 주어진 문제 해결에 적용하고 있었다. 자신이 알지 못하는 개념의 이론은 다른 전공 팀원의 설명을 듣고 이를 본인의 전공 분야에서의 유사한 이론과 비교해 봄으로써 기존 이론에 대한 이해를 심화하였다. 또한, 기존 전공 이론과는 상이한 새로운 이론이 가지는 부분에 대한 차이를 이해하고, 문제 해결에 어떻게 적용할 수 있는지 고민하였다. 즉, 전공 간 유사한 개념과 상이한 개념에 대한 이해를 통해 문제 해결 방법을 더 폭넓게 확장할 수 있었다.

교육의 방식과 형태는 계속 변화할 것이며 이에 대응하는 교육 방법을 꾸준히 모색해야 한다.

이제 비대면 상황을 넘어 가상교육에 대한 수요가 증가하고 있다. 변화하는 사회 환경에 따라 앞으로의 교육 방식은 계속 변화가 요구될 것이다. 이는 시기별로 요구되는 분야의 지식이 다를 수 있음을 의미한다. 2021년도에는 디자인과 경영 분야의 융합수업이 있었고, 향후 또 다른 전공과의 융합수업이 진행될 것이다. 물론 다른 전공과의 융합수업도 2021년도와 같은 결과를 가져올 수 있는지는 아직은 잘 모른다. 다만 새로운 시도와 경험을 통해 미래에 대한 더 구체적인 준비가 가능할 것이다.

이제는 새로운 융합수업에 대한 기대감이 생겼다. 다음 수업에는 어떤 문제로 어떤 학문과의 융합을 시도해볼지 궁금하기도 하다. 참 힘든 학기를 보냈다는 생각이 들면서도 한 번 경험하니 어떻게 하든 창의적인 결과가 나오지 않을까 하는 다소 무모한 생각도 든다. 이는 경험을 통해 창의성이 정해진 최소한의 규칙 안에서 다양한 시도를 해보는 과정에서 발현된다는 것임을 체득했기 때문일 것이다. 미래는 물리적 공간(physical space)의 확장보다는 개념적 공간(conceptual space)의 확장이 중심이 되는 시대이다. 이러한 미래를 준비하는 융합수업은 계속되는 새로운 도전을 통해 다양한 경험들을 확보하는데 노력해야 할 것이다.

제 2장
융합교육
준비 단계

2-1
학부 과정 융합교육 제도[5]

학부 과정의 융합교육은 수강생이 조합하여 수강하는 공통교과, 타전공 수강, 타 대학 수강, 복수전공, 연합전공 등의 방식이 있다. 또한 교과목 단위의 융합교육 형식으로 윤강, 1교과 다수 교수 프로젝트 수행, 산학연공동운영 등의 형식이 있다.[6] [표2-1]은 다양한 융합교육의 사례 중에서 1) 학부 과정 내에서 운영 중이며, 2) 디자인전공 학생을 대상으로 융합교육을 했을 때 효과가 높을 수 있고, 3) 교과목 단위의 융합교육에 차용할 수 있고, 4) 프로젝트 기반으로 운영할 때 참고할 수 있는 프로그램의 사례이다.[7][8]

학과	프로그램	인재상	프로그램 특징
연세대	글로벌융합 공학부	르네상스형 박식가형	▪ 2011년부터 IT융합공학 전공을 신설: 다빈치형 IT명품인재를 양성 ▪ 풍부한 인적, 물적 자원에 기반 IT엘리트 프로그램 ▪ 통섭형 연구역량, 융합형 리더십, 융합학문 교육역량에 기반하여 창조 기획자를 양성하는 프로그램
한동대	글로벌 에디슨 아카데미	박식가형	▪ 인재상: 시대적 소명을 인식하고, 새로운 가치를 창출하기 위해 도전하고, 실행할 수 있는 역량과 기독교적 기업가 정신을 갖춘 자 ▪ 복수전공을 필수적으로 하고 아울러 연계전공을 통한 융합교육 ▪ 글로벌 기업가 정신과 역량 강화 교육 ▪ 초청강사, 투자유치대회, 기업탐방, 캠프 등 다양한 학생주도 활동
울산 과기대	Design & Human Engineering	박식가형	▪ 통합 산업디자인, 감성 및 인간공학, 그리고 공학 및 시스템디자인을 하나로 묶어 혁신적으로 구성된 학제적 학부과정
성균관대	인터랙션 사이언스학과[9]	박식가형 활용형	▪ 인터랙션사이언스과목은 강의실, 강의, 수업계획서 없이 자기주도적 학습에 의해 운영되는 교과목 ▪ 1, 2학년을 대상으로 개설된 교과목으로 다양한 전공 학생 수강 ▪ 시장탐색, 문제발견, 사업계획서, 전문가협력지도, 최종결과물 ▪ 지식 전달보다는 지식의 융합, 문제 정의, 해결 방안 도출 연습, 실패의 기회 제공
건양대	창의융합대학	활용형	▪ 2012년 9월 창의융합대학 3개 학부 신설 ▪ 창의력과 융합력을 훈련받은 산업 즉시 투입형 글로벌 인재양성 ▪ 기존 학사제도에서 탈피하여 1년을 10학기로 나누고, 4주를 1학기로 운영하며, 1학기에 2~3개 교과목을 몰입교육 실행[10] ▪ CLD(Creative Learning by Doing) 스스로 생각하며 배우는 힘

[표2-1] 학부 과정에서 운영 중인 융합교육 유형

7
공학 융복합 교육 포럼 자료집
(2014)

8
융합교육포럼 자료집(2013)

융합교육을 수행하고자 하는 교수자는 학내의 융합교육 제도를 점검하여 교수자의 교육 여건에 부합하는 것을 선택하거나, 새롭게 설계하여 운영할 수 있을 것이다. 본 대학에는 융합교육을 위해 개설된 '융합·창업·종합설계'라는 교과목이 있다. 이 교과목은 교수자가 모여 자신의 전공에 맞게 운영할 수 있는 3시간, 3학점의 스튜디오 과목이다.

2-2
학제간 융합교육 모형

9
조선일보 2013. 9. 5일자
"강의실·강의·수업계획서 없는
'3無' 대학 강좌", 조광수

10
중앙일보 2012. 10. 14일자
"건양대'창의융합대학'신설…
전액장학금, 취업보장"

하나의 수업에서 PBL로 학제간 융합수업을 할 때 적용할 수 있는 융합교육의 모형을 아래의 세 가지로 고려해 볼 수 있다. 15주 중 비중은 여건이나 과제의 비중에 따라 달라질 수 있다. 첫째, 수업의 전반부에서는 복수의 전공 내용을 윤강으로 진행하여, 학습자가 전공의 내용에 대해 어느 정도 익힌 후에, 학기 후반부에 학제간 PBL 수업을 진행하는 방식이다. 이러한 윤강형 진행방식은 프로젝트를 진행하는 데 학습자가 두 가지 전공의 내용을 모두 이해할 필요가 있을 때 진행할 수 있다. 둘째, 수업의 전반부에 각각의 전공을 별도로 진행한 후, 수업의 후반부에 PBL로 진행하는 방식이다. 이와 같은 방식은 학습자가 자신의 전공에 대한 지식만 있어도 프로젝트를 수행할 수 있을 때 채택할 수 있는 방식이다. 마지막으로 수업의 전 기간을 PBL로 진행하는 방식이다. 이와 같은 진행방식은 융합수업이 고학년 대상으로 개설되어 학습자가 각각의 전공에 대한 어느 정도의 지식을 이미 학습한 상태일 때 가능하다.

　본 도서에서 다루는 방식은 세 번째 방식, 즉 전기간 PBL 융합교육 방식이었다. 본 수업은 수강생이 3, 4학년 2학기에 재학 중인 경우로, 수강생들이 PBL을 수행하기 위한 자기 전공에 대한 이해를 어느 정도 가지고 있는 경우였기 때문에 가능한 방식이었다. 한편 PBL을 활용한 학제간 융합으로 수업을 진행하기 위해서는 타 전공에 대한 이해도 필요했기 때문에 타 전공에 대한 이론적 학습은 수업 시간에 진행하지 않고, 플립드 러닝(Flipped Learning)의 방식으로 진행했다.

1	2	3	4	5	6	7	8	9	10	11	12	13	14	15
강좌	전공A 이론교육			전공B 이론교육			중간	후반부 PBL 융합교육						기말
OT							고사							고사

[표2-2] 수업의 전반부는 윤강의 형태로 후반부는 PBL로 운영하는 모형

1	2	3	4	5	6	7	8	9	10	11	12	13	14	15
강좌	전공A 이론교육						중간	후반부 PBL 융합교육						기말
OT	전공B 이론교육						고사							고사

[표2-3] 수업의 전반부는 별도로 진행하다가 후반부에 PBL로 운영하는 모형

1	2	3	4	5	6	7	8	9	10	11	12	13	14	15
강좌	전공A	전 기간 PBL 융합교육					중간	전 기간 PBL 융합교육						기말
OT	전공B						고사							고사

[표2-4] 전 기간을 PBL로 운영하는 모형

2-3

교수자 모집

융합교육은 함께 수업을 진행할 교수자의 모집에서 시작된다. 평소의 친분, 대학의 지원 제도 등을 통해 융합교육에 참여하는 교수자 그룹이 생길 수 있을 것이다. 저자의 경우, 2012년 융합교육 첫해에는 디자인과 융합교육을 했을 때 높은 융합교육 효과를 낼 수 있을 것이라고 생각하는 전공, 즉 경영학, 공학 등의 교수자에게 융합교육을 함께해 볼 것을 제안하는 방법으로 시작했다. 그다음 해부터는 학내에 융합교육에 관심이 있는 교수자들 간에 자연스러운 소통이 시작되어, 관심이 있는 교수자 중에서 2학기에 융합교육이 가능한 교수자가 참여하는 방식으로 진행되었다.[11]

11
이상선, 서성은(2016)

교과목 단위 융합교육을 위한 이상적인 전공의 구성은, 인문사회과학, 공학, 디자인이 포함되는 것이다. 경영학은 융합교육에 참여하는 수강생들이 자신이 맡은 전공 부분에 매몰되지 않고, 프로젝트가 시장에서 어떻게 자리매김할 것인가와 같은 종합적인 사고를 촉진한다. 공학은 수강생들이 기술적 요인과 한계에 대해 이해를 갖도록 도우며, 공학을 전공하는 학생의 분석적 사고방식을 타 전공 수강생들이 배우는 효과가 있다. 디자인은

12
이상선(2015)

디자인 씽킹을 타 전공에 전파하는 효과와 프로젝트의 시각화를 통한 소통 및 진행을 촉진하는 효과, 그리고 최종 결과물을 명시적인 형태로 제시하는 데 역할을 한다.[12]

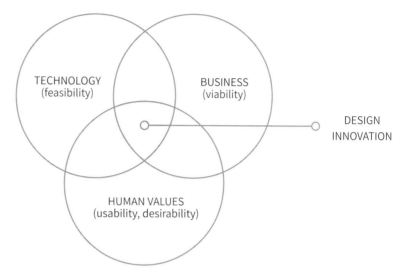

[그림2-1] 융합교육에 효과적인 전공구성

그렇다면 인문사회과학, 공학, 디자인이 모두 균형 있게 포함된 융합교육만이 가치 있는 융합교육 경험을 제공할 수 있을까? 그렇지 않다고 생각한다. 지난 10년간의 경험과 사례에 비추어 보았을 때 다른 전공을 하는 교수자, 수강생 간의 만남은 그 자체로 다양한 상호 학습과 지적 충돌을 통한 발전 효과가 있었다. 따라서 융합교육을 처음 시도하고자 하는 교수자라면, 전공 간의 균형이 완벽하지 않더라도 타 전공과의 융합교육을 시도해 보는 것을 권한다.

융합교육 시작의 주체는 교육에 참여하는 교수자이다. 융합교육을 수행하고자 하는 교수자는 스스로 융합교육 교수자로 소양이 있는지 자신을 돌아볼 필요가 있다. 다음의 소양 중에서 두 가지 이상을 만족하는지 생각해 보자. 융합교육 교수자에게 필요한 소양으로는 1) 교육에 대한 열정, 2) 개방적 태도, 3) 협업 친화성, 그리고 4) 디지털 업무 환경 숙련도 등을 꼽을 수 있다. 융합교육을 수행하기 위해서는 교수자가 기존 자신의 교육 방법을 재점검하고 새로운 교수법을 익혀야 한다. 뿐만 아니라 혼자 진행하는 수업보다 훨씬 많은 시간을 융합교육에 투입해야 하므로, 교육에 대한 열정과 의지가 필수적이다. 타 학문과 타인의 방법론에 대해 개방적인 태도를 가져야 교수자 간에 토론을 원활히 하고 합의에 도달할 수 있다.

융합교육을 준비하고 수행하는 과정 중에 교수자 간의 밀접한 협업이 요구된다. 따라서 협업에 친화적인 인재를 양성하기 위해서 교수자 자신의 협업 친화성이 우선적으로 요구된다. 끝으로 융합교육에 참여하는 교수자가 디지털 업무 환경에 익숙하다면 협업을 효과적으로 수행하는 데 도움이 된다. 하지만 디지털 업무 환경 숙련도는 앞선 세 가지의 소양보다 상대적으로 덜 중요하다.[13]

13
이상선, 서성은(2016)

2학기 융합교육을 위해서 보통 5월 경에 융합교육에 참여할 교수자를 섭외하는데, 2021년의 경우 경영학과에서 디자인학과로 융합교육을 제안하면서 이루어졌다. 2021년 2학기의 본 서에서 다루는 융합교육은 경영전공, 디자인전공, 스포츠과학전공의 세 개학과 수강생을 대상으로 진행했다. 경영전공에 개설된 '설득과 경영 혁신 세미나'를 수강하는 경영학과 재학생 12명, 스포츠과학과 5명과 디자인전공에 개설된 '융합·창업·종합설계'를 수강하는 디자인 학과 재학생 26명이 수강했으며, 담당 교수자는 마케팅 전공의 교수자와 사용자 경험 디자인전공 교수자였다.

2-4
교수자와 교수법 이해

14
스탠포트 디스쿨
http://dschool.stanford.edu/

15
이상선, 서성은(2016)

16
최정임, 장경원(2010). PBL로 수업하기. 학지사.

17
팀브라운 저, 고성연 역(2010). 디자인에 집중하라. 김영사.

18
대학생 핵심역량
http://www.kcesa.re.kr/index.do

융합교육을 수행할 교수자 팀이 꾸려진 후 가장 먼저 할 일은 교수자 간 상호 이해디. 이 과정 중에 서로의 세부 전공, 교과목, 교육 철학, 교수법 스타일, 학과의 여건에 대해 파악한다. 교수자 간 이해를 가진 다음, 융합교육에 대한 학습이 필요하다. 융합교육 교수자팀은 융합교육의 대표적인 모델이라고 할 수 있는 스탠포드 대학의 디스쿨 D.school[14] 전반에 대한 학습과, 아울러 지난해 융합교육[15]에 대한 성찰을 통해 앞으로의 융합교육은 어떻게 개선할 것인가에 대해 논의했다.

끝으로 융합교육에 필요한 다양한 학습법 및 개념을 익힌다. 2015학년도의 경우, 프로젝트 기반 학습 Project Based Learning[16], 문제 기반 학습 Problem Based Learning, 디자인 씽킹 Design Thinking[17], 대학생 핵심 역량 Korea Collegiate Essential Skills Assessment[18], 플립드 러닝 Flipped Learning[19] 등에 대한 학습을 수행하였다. 이와 같은 이해의 과정을 거치면서 수업을 통해 다룰 수 있는 프로젝트의 윤곽이 드러나게 될 수 있다.

19
존 버그만, 애론 샘즈 저, 정찬필,
임성희 역(2015). 거꾸로교실.
에듀니티.

이와 같은 이해의 과정은 교수자에게 새로운 체험을 제공한다. 첫째, 다른 교수자의 교수법을 경험하고 학습을 통해 서로의 장점을 배울 수 있다. 둘째, 학생의 입장이 되어 볼 수 있다. 셋째, 교수자로서 나를 성찰할 수 있다. 필자는 개인적으로 이 경험이 융합교육 수행의 가장 큰 소득이었다.

2-5
산학협력 기업 섭외

융합수업을 진행하는데 산학협력을 할 상대 기업이 있을 경우 학습효과를 높이는 데 유리하다. 본 수업에서 산학협력을 하는 목적은 기업이 원하는 저가의 노동력이나 교수자의 컨설팅을 대학이 기업에 제공하는 데 있지 않고, 교육의 효과를 높이는 데 있다. 보통 수업 개시 전 방학 중에 산학협력을 할 기업을 섭외한다. 업체를 선정하는 기준은, 1) 교수자와 수강생의 전공에 부합하는가?, 2) 수업의 프로젝트로 삼을 문제가 있는가?, 3) 대학과 기업 양측 모두에 도움이 되는가?, 4) 윤리적인 기업인가? 등이다. 2021학년도 2학기에 본 수업을 위해 산학협력을 체결한 기업은 국내 워터 스포츠 의류 전문기업 '(주)배럴'이며, 대학과 기업이 상호 간에 요구하는 바는 다음과 같았다.

한경대의 기대	(주)배럴의 기대
▪ 현장감 있는 문제 ▪ 현장 교육 공간 제공 ▪ 현장 전문가의 지도 ▪ 기업이 원하는 인재상에 대한 이해	▪ 주요 소비자인 MZ 세대에 대한 이해 ▪ 가능성 있는 마케팅 아이디어 발굴 ▪ 우수한 인재의 발굴 ▪ 교육 분야 투자로 사회에 기여하고 싶음

[표2-5] 산학협력에 대한 상호의 기대

2-6
융합교육 진행 과정

본 융합교육을 수행하기 위해 수업 개설 이전 학기부터 준비과정을 거쳤다. 본 수업의 진행과정을 교수자 간 회의록을 토대로 시간 순서로 돌아봄으로써 융합교육을 수행하려는 교수자에게 참고가 되기를 기대한다. 융합교육의 과정을 준비, 수행, 기록 및 성찰의 세 단계로 나누어 설명한다.

단계	월	논의 주제
준비단계	5	▪ 융합교육 희망 교과 간 제안과 협의 ▪ 융합교육 관련 수업 설강 논의 ▪ 융합교육 가능학과와 파트너 교수자 섭외 및 확정
	6	▪ 융합교육 교수자 간 상호 이해 ▪ 융합교육 기록 공유 및 교수법 학습
	7	▪ 산학협력 업체 섭외 ▪ 수업 개요 설계 ▪ 수강 신청
	8	▪ 산학업체와 프로젝트 논의 ▪ 산학업체 계약 체결 ▪ 교육 환경 구축 ▪ 수업 상세 계획 ▪ 수강생 조사 ▪ 팀 빌딩
수행단계	9	▪ 개강 ▪ 문제 발굴과 정의 관련 수업 ▪ 기업체 특강
	10	▪ 문제 정의 중간 발표회
	11	▪ 해결 방안 개발과 전달 관련 수업
	12	▪ 해결 방안 발표회 ▪ 시상식과 수업 성찰 ▪ 종강 ▪ 온라인 과제전 ▪ 티칭 포트폴리오
기록 및 성찰	1	▪ 도서 및 논문 저술
	2	▪ 도서 및 논문 저술

[표2-6] 융합교육 준비, 수행, 기록 과정

준비단계는 융합수업을 수행하기 직전학기에 진행된다. 본 대학에서는 2학기 융합수업을 위해 1학기 후반부터 준비한다. 융합수업 준비 중 가장 첫 번째 필요한 준비는 융합수업을 수행할 교수자의 섭외며, 교수자들이 주체가 되어, 융합수업을 할 교과목을 개설하고, 교수법과 상호 간 학습이 진행된다.

융합수업 직전의 방학 중 가장 중요한 과제는 산학협력 업체 섭외와 결정이다. 어떤 기업을 산학협력 업체로 결정하는가에 따라 한 학기 동안 진행할 프로젝트 내용과 인적 물적 지원의 규모가 결정되기 때문이다. 산학협력 업체가 없어도 융합교육을 충분히 수행할 수 있다. 본 대학 융합수업에서는 교육적인 효과, 즉, 사실적인 문제를 다루기 위해서 가능한 경우 산학협력 업체와 함께 융합수업을 진행해오고 있다. 또한 방학 중에는 수업 개요 설계, 수강 신청, 산학업체 계약 체결, 교육 환경 구축, 수업 상세 계획, 수강생 조사, 팀 빌딩 등 수업에 필요한 사전 준비를 수행한다.

수행단계에서는 15주 간의 수업을 수업 모델링에 맞도록 구성하고, 주요 단계별로 학습 목표에 맞는 중간산출물을 도출하도록 한다. 7, 8강은 중간고사에 해당하는 시점으로 수업 전반부에 학습한 내용을 점검하는 산출물을, 14, 15강은 기말고사에 해당하는 시점으로 학습 목표 달성을 확인할 수 있는 산출물을 도출하여, 이를 대외적으로 발표하도록 했다. 또한 온라인 과제전을 통해 학습자의 결과물이 학습자의 학습 포트폴리오가 되도록 했다.

기록 및 성찰단계는 융합수업을 종료한 후, 수업 운영에 대한 기록 및 성찰을 티칭 포트폴리오, 결과보고서, 결산문서, 도서, 논문 등 다양한 형태로 기록을 남겨 다음 융합수업의 발전에 토대가 되도록 한다.

2021학년도 2학기 융합교육의 경우 이 모든 준비, 수행, 기록이 거의 대부분 비대면으로 진행되었다. 특히 수업 준비 과정 중에 교수자, 기업체 전문가 등과 비대면으로 소통하면서, 비대면 수업에서 활동 중심으로 어떻게 운영할 수 있을지 연습이 되었고, 학습자의 입장이 되어보는 효과가 있었다.

제 3장
융합수업
설계

3-1
수업 개요 설계

아래의 표는 2021학년도 2학기 본 대학에서 수행한 융합수업 개요이다. 교수자들은 개강 전의 방학 중에 수 차례 회의를 통해 아래와 같은 수업의 개요를 정할 수 있었다.

학과	디자인	경영
교과목	융합·창업·종합설계 | 실습3 | 3학점	설득과경영혁신세미나 | 이론3 | 3학점
교수자	이상선 (사용자 경험 디자인전공)	허 정 (마케팅 전공)
인원	디자인 26명 3학년	경영 12명[20] + 스포츠과학 5명 3, 4학년
평가	절대평가	Pass / Fail
전공별 학습 목표	1학기 UXD 기초에 대한 심화 ■ 사용자 리서치 ■ UX 디자인 ■ BX 디자인 ■ 사용성 테스트 ■ 프로토타이핑	경영/마케팅 분야 전반에 대한 심화 ■ 산업환경 분석 및 소비자 조사 ■ 소비자 이해 ■ 아이디어 개발 ■ 사업 타당성 평가 ■ 마케팅 전략/가치 제안
공통목표	BRIGHT 역량 강화[21]: 창의융합, 전문지식탐구, 커뮤니케이션, 도전 역량 강화	
인재상	■ 미래에 도전하고 소통에 강한 융합형 인재 ■ 활용형: 융합인지능력(창의적 사고, 비판적 사고, 융합지식 이해), 융합수행능력(문제해결, 의사소통, 협동, 융합도구 활용), 융합태도능력(배려심, 책임감)등을 고루 갖추고 타 분야의 논리를 창의적으로 차용하여 활용하는 인재 ■ 전공역량강화: 지금까지 학습한 전공에 대한 심화 및 체화	
프로젝트	■ 연구내상: BARREL[22] 브랜드 혁신 ■ 융합: 디자인, 경영학 2개 이상의 전공 지식을 동시에 활용하여 ■ 목적: 배럴 브랜드를 MZ세대에 어필하도록 강화 또는 혁신 ■ 결과물: 공간, 제품, 서비스, 또는 컨텐츠에 대하여 시제품 또는 사용 시나리오 제안	
산출물	리서치 / 제품 기획 / 프로토타이핑 / 광고 / 프로세스북 / 설명 동영상 / A0 포스터	
시간표	목요일 14:00~17:00	

[표3-1] 2021년 2학기 융합수업 개요

교과목과 시간표

경영전공 교수자와 디자인전공 교수자는 두 전공에 개설된 교과목 중에서 '설득과 경영 혁신 세미나', '융합·창업·종합설계' 두개의 교과목을 동시간대에 개설하고, 한 학기 전체를 프로젝트 기반 학습으로 수업을 진행하기로 했다. 교수자는 수업 준비단계는 물론이거니와 수업의 전 과정 함께 했다.

두 전공의 두 과목을, 두 명의 교수자가 하나의 교실에서 융합교육 형태로 진행했다.

경영전공에 개설된 '설득과 경영 혁신 세미나'는 3시간짜리 이론으로 3학점, Pass/Fail로 평가하는 교과목이다. 이 과목은 4학년을 대상으로 개설되었으나, 일부 3학년 학생도 수강 신청했다. 이 교과목은 경영학 전공 수업 전반에 대한 현장 실행능력을 배양하기 위해 실제 경영에서 이루어지는 의사결정과 설득을 위한 다양한 방법들에 대해 논의하는 과목이다. 따라서 경영학 전공 주요 과목을 대부분 이수한 4학년을 대상으로, 배운 경영 지식을 활용해 다양한 기업 및 지역사회에 도움이 될 수 있는 경영혁신 방법을 모색하는 것을 목표로 하는 교과목이다.

디자인전공에 개설된 '융합·창업·종합설계'는 3시간짜리 실습수업으로 3학점, 절대평가로 평가하는 설계과목이다. 이 과목은 전원 3학년이 신청했다. 이 교과목은 3학년 1학기에 디자인전공에 개설된 '사용자 경험 디자인 기초'에 대한 심화 수업으로 1학기에 학습한 사용자 경험 디자인의 내용을 토대로 2학기에는 타과의 수강생과 함께 프로젝트 기반 학습을 하면서 체화하는 것을 목표로 하는 교과목이다.

융합교육을 하기에 적합한 시간대는 오후이다. 오후 수업을 마친 후에 수강생이 이어서 팀 활동을 수행할 수 있기 때문이다. 요일은 양 전공의 타 교과목과의 충돌을 피할 수 있는 목요일로 정하게 되었다.

교수자

경영전공의 교수자는 마케팅을 전공했으며 소비자 행동과 하이테크 마케팅에 전문성이 높다. 지도 교과목은 마케팅 원론, 마케팅 조사, 광고론, 소비자 행동, 국제 마케팅 등이다. 대학 부임 전 여러 연구기관에서 마케팅 및 국가 통계와 관련된 연구 활동을 했으며 4차산업혁명위원회, 선거관리위원회 등에서 정책과제를 수행한 바 있다. 2021년 3월 본 대학에 부임한 후, 본 대학에 융합수업을 운영하는 교육과정이 있다는 선배 교수자의 소개로 관심이 생겨 융합수업을 경험한 교수자에게 2학기 융합수업을 제안하게 되었다.

디자인전공의 교수자는 사용자 경험 디자인을 전공했으며 지도 교과목은 미디어 디자인, 정보 디자인, 사용자 경험 디자인, 서비스 디자인 등이다. 대학 부임 전에 IT 기업에서 GUI 디자이너로 사회생활을 시작하여, UX 디

20
개강시점에는 경영전공 수강생이 14명이었으나 학기 초반에 2명의 수강생이 철회하여, 끝까지 수강한 경영전공 수강생은 12명이 되었다. 수강을 철회한 학생 중 1명은 과제가 과도하게 많음을 호소했고, 1명의 경우 학기 초에 비대면에서 활동 중심 수업을 하는 동안 노트북의 성능, 인터넷 환경 등에서 지속적으로 곤란을 겪다가 철회했다.

21
https://hkbright.hknu.ac.kr/hkbright/4700/subview.do

22
https://www.getbarrel.com/

자이너, 디자인 책임자, 프로젝트 책임자, 임원으로 경력의 변화가 있었다. 2004년 대학에 부임한 후, 변화하는 산업환경에 적합한 디자이너 양성을 위한 교육의 내용과 방법에 관심을 가지고 있다. 더 바람직한 사용자 경험 디자인 교육 방법론을 고민하다가 융합수업이 필요하다는 결론을 내려, 본 대학에서 2012년부터 융합수업을 시작하여 지금까지 지속하고 있으며, 융합교육의 경험을 학내외에 전파하는 데 노력하고 있다.

수강생

2021년 2학기 본 융합수업을 들어야 하는 디자인전공의 3학년 수강 인원이 이미 약 26명으로 정해져 있었기 때문에 경영전공의 수강 인원은 20명 내외의 규모로 설강했다. 저자의 경험 이내에서 학부 과정에서 융합수업에 적합한 수강인원은 40~50명 규모다. 수강인원이 적을 경우 교육의 품질을 높이는 데 유리할 수 있다. 그러나 대학의 입장에서 최소 설강 기준 인원 등의 조건에 부합하면서, 복수의 학과 학생과 교수가 사실상 하나의 강좌에서 수업을 운영하는 융합수업을 설강하려면 수강인원은 자연스럽게 40~50명 정도의 인원이 된다. 한편, 40~50명의 수강생이, 6~7개 정도의 팀으로 나뉘어 프로젝트를 진행하면, 동료 간의 학습효과가 생기는 이점이 있다.

인재상

한경대학교는 4차 산업을 선도하는 인재 양성과 혁신을 통해 미래에 도전하기 위한 '한경비전 2030' 중장기발전계획을 수립하고, '길을 만드는 대학, 경기 대표 국립대학'을 비전으로 선포하였다. 대학 비전 실현을 위해 교육목표를 "미래에 도전하고 소통에 강한 융합형 인재 양성"으로 정하고 있다. 학제간 융합수업은 본교의 교육목표인 "미래에 도전하고 소통에 강한 융합형 인재 양성"에 최적화된 실천적인 교육 프로그램이라 할 수 있다.

융합인재의 유형은 1) 르네상스형, 2) 박식가형, 3) 활용형, 4) 참여형의 네 가지로 유형화 할 수 있다. 이 중 르네상스형 인재상은 일반 대학교육의 인재상으로 채택하기에는 보편성이 떨어진다. 본 융합교육은 아래의 네 가지 융합인재 유형 중 활용형 인재상에 초점을 두고 있다. 즉, 자신의 전문지식과 더불어 타분야와 원활히 소통하여 타 분야의 논리를 창의적으로 차용해 활용하는 인재상에 초점을 두고 향후 교차 수강, 복수전공, 연계전공의 심화학습으로 박식가형 모델로 발전을 기대한다.

- 르네상스형: 두 가지 분야 모두에서 천재적 수준의 창의적 역량을 보이는 인재
- 박식가형: 두 분야 중 하나는 천재적 수준의 창의력을 보이고 다른 한 분야는 전문가 수준 또는 일상적 수준의 창의적 역량을 보이는 인재
- 활용형: 타분야의 논리를 창의적으로 차용하는 인재
- 참여형: 타분야에 참여해 융합적 성과를 창출하는 인재

23
HK혁신사업단 사업목표
및 전략
https://url.kr/ct3vw6

[그림3-1] 한경대 BRIGHT 역량[23]

학습목표

한경대의 교육목표인 "미래에 도전하고 소통에 강한 융합형 인재 양성"을 달성하기 위해 "BRIGHT 6대 핵심역량 중심 GOOD(목적 중심 수요자 맞춤) 교육체계 구축"을 대학혁신지원 사업의 목표로 설정하고 있다. 다음은 한경대의 BRIGHT 역량에 관한 설명이다.

한경대 BRIGHT 역량		설명
B (Blending)	창의융합역량	창의융합역량은 전공과 타 학문에 대한 이해와 열린 자세로 지식을 재구성하거나 가치를 창출하는 능력
R (Research)	전문지식탐구역량	전문지식탐구역량은 전문적인 지식의 탐구와 연마를 통해 자원, 정보, 기술의 처리 및 활용 능력, 실무 현장의 문제해결을 위한 전문성을 배양하는 능력
I (Interaction)	의사소통역량	의사소통역량은 듣기, 말하기, 읽기, 쓰기 능력을 바탕으로 자신의 생각을 효과적으로 전달하고 토론, 조정을 통하여 다양한 의견을 수렴하는 능력
G (Globalization)	세계시민의식역량	세계시민의식역량은 다양한 문화와 공동체에 대하여 포용적으로 지속가능한 사회를 추구하기 위한 올바른 가치관과 도덕적 소양을 갖추어 가는 능력
H (Holistic)	자기성찰역량	자기성찰역량은 인간, 사회, 자연에 대한 지식 탐구를 통해 자아실현을 위한 삶의 의미와 가치를 스스로 통찰하는 능력
T (Trailblazing)	도전역량	도전역량은 열정을 가지고 미래의 불확실성에 도전하고 공동의 목표달성을 위해 주어진 문제와 변화에 적극적으로 대처하는 능력

[표3-2] 한경대 BRIGHT 역량

BRIGHT 역량	역량 강화를 위한 교수방안
창의융합역량	• 타 학문에 대한 이해를 토대로 프로젝트를 수행할 수 있도록 두 전공의 내용 중 수강생 모두의 이해가 필요한 내용에 대해 플립드 러닝과 두 교수자의 질의, 응답 강의 수행 • 두 전공의 수강생이 자신의 전공지식과 타 전공의 지식을 결합, 재구성하여 가치를 창출하는 프로젝트 수행
전문지식탐구역량	• 프로젝트를 수행하고, 타 전공자에게 자신의 전문지식을 설명, 설득하면서 1, 2, 3학년에 배운 전문적인 지식의 탐구와 연마 수행 • 자신의 전공과 관련된 자원, 정보를 찾아서 프로젝트 수행에 도움이 되도록 제공 • 각자의 전공에 필요한 기술을 처리하고 활용하여 프로젝트 수행 • 산학기업에서 제시하는 프로젝트를 수행하면서 실무 현장의 문제를 해결
의사소통역량	• 교수자, 동료학습자의 발언을 적극적으로 경청하도록 수업 구성 • 교수자, 동료학습자에게 자신의 생각을 효과적으로 전달, 토론, 조정하는 연습을 할 수 있도록, 토론과 발표 활동을 포함한 수업으로 구성 • 프로젝트 수행에 필요한 다양한 읽기 자료를 제시하고, 이를 요약하고 질문을 찾는 쓰기 활동을 과제로 제시하여 읽기, 쓰기 능력 강화 활동 제시 • 비대면 환경에서도 효과적으로 소통, 협업할 수 있는 다양한 도구의 활용
도전역량	• 정답을 찾는 프로젝트가 아니라 문제가 불확실한 상태에서 해결하고자 하는 문제를 찾고, 정의하고, 이에 대한 열린 해결 방안을 모색하는 디자인씽킹 방식의 프로젝트 기반 학습 환경 제공 • 두 전공의 수강생이 공동의 목표 달성을 위해 적극적으로 협업할 수 있는 학습 환경과 방법 제공

[표3-3] 한경대 BRIGHT 역량 중 본 융합수업에서 강화에 중점을 둔 4가지 역량

본 융합수업의 교육목표 중 공통의 교육목표는 상기 6가지 핵심역량 중에서의 4가지 목표, B(Blending) 창의융합 역량, R(Researhch) 전문지식탐구 역량, I(Interaction) 의사소통 역량, H(Holistic) 도전 역량 강화를 공통의 교육 목표로 정하고, 수업 진행 중에 이 네 가지 역량을 강화할 수 있도록 다양한 교수방안을 두었다.

한편 전공별 교육목표는 전공, 교과목, 학년에 맞추어 디자인전공과 경영전공이 다르게 설정되었다. 수업은 수강생이 수업을 진행하는 동안 각자의 전공에 맞는 역할을 수행하면서, 자연스럽게 자신 전공의 교육목표를 달성하도록 설계되었다.

경영전공의 학습 목표는 경영 및 마케팅 분야 전반에 대한 심화로, 세부적으로는 1) 산업 환경 분석, 2) 소비자 조사 및 이해, 3) 아이디어 개발, 4) 사업 타당성 평가 및 예산 계획, 5) STP[24] 마케팅 전략과 가치 제안을 들 수 있다. 이는 2~3학년 중에 이미 학습한 내용이었으나, 본 융합수업을 통해 기업체 및 타 전공의 수강생과 함께 실질적인 프로젝트를 수행하면서 체화하는 것을 목표로 한다.

디자인전공의 학습 목표는 3학년 1학기 과정에 개설된 사용자 경험 디자인 기초에 대한 심화로, 세부적으로는 1) 사용자 리서치, 2) UX 디자인 실습, 3) BX 디자인 실습, 4) 사용성 테스트, 5) 프로토타이핑 디자인이다. 디자인전공 수강생은 2학년 1학기에 미디어 리터러시를, 2학년 2학기에 정보디자인을 학습한 바 있다. 본 융합수업은 디자인전공 수강생이 1, 2, 3학년에 학습한 전공의 모든 지식을 총동원하여 제시한 프로젝트를 수행하면서 타 전공의 수강생에게 자신이 아는 바를 설명하고, 전공을 활용한 실습을 통해 학습 내용을 체화하는 것을 목표로 설계되었다.

프로젝트

2021년 2학기 프로젝트는 국내 워터 스포츠 의류 전문기업 '(주)배럴'과 산학협력을 체결함에 따라 배럴의 '브랜드 혁신'으로 결정했다. 2014년에 설립된 해당 기업은 워터 스포츠 의류 시장이 없던 당시 새로운 시장을 개척한 기업이다. 점차 종합 레저 의류 사업의 다각화와 도약을 준비하고 있었다. 이 기업은 워터 스포츠 의류 시장은 1위를 유지하면서, 워터 스포츠에 국한

24
시장세분화(Segmentation),
표적시장선정(TargetMarketing),
포지셔닝(Positioning)

된 기업의 이미지를 제고하고, 브랜드 가치에 기반하여 제품 라인업을 확장하고, MZ세대에 어필하는 브랜드 가치를 확립하고자 한다. 아울러 이 기업은 제품의 소재, 생산, 유통, 판매, 폐기의 전 과정을 친환경 전략으로 수행하고 있었으며, 건강한 방식으로 기업의 영리활동을 하면서, 더 나은 세상을 만드는 데 기여하고자 한다.

산출물

본 융합수업은 시험 없이 수강생이 학습한 결과를 보고하고 발표한 내용을 토대로 평가한다. 본 수업의 학기 말 산출물의 유형은 기업의 이미지 혁신에 도움이 되는 것이라면 특별한 제한이 없다. 교수자들은 수강생의 아이디어 전개에 도움을 주고 어느 정도의 최종 산출물 윤곽 안에서 프로젝트에 접근할 수 있도록, 최종 산출물의 유형을 1) 온/오프 쇼핑 제안, 2) 친환경 기업 철학 전달, 3) 브랜드 가치 제고, 4) 콘텐츠 개발로 제시했다. 본 수업을 진행하는 동안 생성되는 대표적인 산출물은 아래와 같다.

구분	설명
개인별 평소 과제	매 차시별로 제출하는 개인별 과제로, 플립드 러닝에 대한 학습 내용, 차시별 리서치, 담당한 부분에 대한 내용이다.
문제 정의 보고서 (중간고사)	문제 발견과정과 문제의 정의 과정에서 수행한 다양한 리서치 활동의 결과와 어떤 문제를 다룰 것인가에 대한 팀 구성원의 합의 내용을 정리한 문제 정의 보고서이다.
문제 해결 방안 기획서	문제 해결 방안에 대한 개발 및 전달 과정에서 도출된 기획안으로 문제 해결에 대한 타당성을 담은 최종 보고서이다.
최종 산출물과 프로토타입 (기말고사)	문제 해결 방안을 담은 프로토타입이 가장 핵심적인 산출물이다. 최종적으로 제안하는 문제 해결 방안은 유형, 무형으로 다양할 수 있기 때문에 이를 이해할 수 있도록 설명하는 영상을 최종 프로토타입으로 했다.

[표3-4] 학습자가 수업을 통해 작성하는 산출물

3-2
수업의 이해관계자

본 학제간 융합수업을 수행하는 데에 관여된 이해관계자는 경영전공, 디자인전공 수강생과 교수자 외에도 학내로는 각 과의 조교, 산학협력단, HK혁신사업단이 있었으며, 학외로는 산학협력 상대 기업인 (주)배럴 본사와 매장,

사용자, 특강 강사 등이 있었다. 각 이해관계자에 대한 설명은 다음의 그림과 같다.

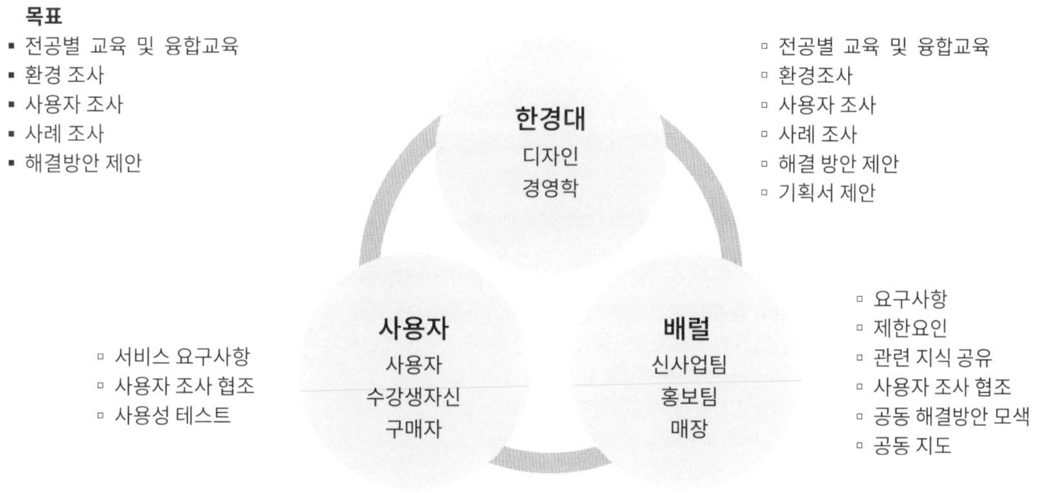

목표
- 전공별 교육 및 융합교육
- 환경 조사
- 사용자 조사
- 사례 조사
- 해결방안 제안

한경대
디자인
경영학

▫ 전공별 교육 및 융합교육
▫ 환경조사
▫ 사용자 조사
▫ 사례 조사
▫ 해결 방안 제안
▫ 기획서 제안

▫ 서비스 요구사항
▫ 사용자 조사 협조
▫ 사용성 테스트

사용자
사용자
수강생자신
구매자

배럴
신사업팀
홍보팀
매장

▫ 요구사항
▫ 제한요인
▫ 관련 지식 공유
▫ 사용자 조사 협조
▫ 공동 해결방안 모색
▫ 공동 지도

[그림3-2] 2021년 융합수업의 이해관계자

구분		역할과 책임
학내	수강생	학업 수행의 주체로서 학제간 융합수업을 통해 다른 학과와 소통하면서 학제간 프로젝트를 수행하는 새로운 교육 체험과 이를 통한 성장을 기대
	교수자	학습자의 교육 목표 달성을 위한 교육 서비스를 제공하는 주체이자 학습의 공동체로서 본 수업을 통해 향상된 교육 수행 기대
	조교	본 수업과 관련된 행정적인 업무 처리 지원
	HK혁신사업단	한경대 교육 혁신을 위해 본 융합교육의 지원
	산학협력단	산학협력 업체와 계약 및 행정적 지원
	교수학습센터	교수자 지원, 융합교육 지원 및 확산
학외	(주)배럴 본사	본 산학협력 프로젝트의 발주자로 기업의 이미지 제고를 위한 과제 제시, 특강, 프로젝트 공동진행 및 평가자 역할. 본 프로젝트를 통해 MZ세대의 이해, 기업의 이미지 제고 및 향상 기대
	배럴 온/오프 매장	수강생이 현장학습을 수행할 수 있도록 교육 공간 제공 역할. MZ세대 소비자에게 매장이 어떤 사용자 경험을 제공하고 있는지 객관적인 평가와 개선안 의견 기대
	외부전문가	소셜 마케팅 전문가의 특강
	사용자	수강생 자신이 MZ세대 사용자가 될 수 있고, 기사용자, 예비사용자 등으로 구성되어 있으며 사용자 인터뷰 등 사용자 조사의 대상이 됨

[표3-5] 학제간 융합수업의 이해관계자

3-3
문제 선정

본 융합수업은 프로젝트 진행 단계에 맞추어 15주를 크게 5개의 단위로 나누고, 수강생들이 중요한 중간 산출물을 도출하도록 운영했다. 2021년 2학기 프로젝트는 국내 워터 스포츠 의류 전문기업 '(주)배럴'과 산학협력을 체결함에 따라 배럴의 '브랜드 혁신'으로 결정했다.

구분	설명
프로젝트	2014년 설립된 (주)배럴은 래쉬가드가 판매 1위를 기록하면서, 종합 레저 의류 업체로 도약을 위해 워터스포츠의류, 레깅스, 후디, 집업, 겨울의류, 필라테스의류, 코스메틱 제품을 선보이고 있다. (주)배럴은 제품의 라인업을 확장하면서 친환경이라는 기존 기업의 브랜드 이미지는 강화하고 건강한 기업의 가치를 실천하고자 한다. MZ세대 특채로 채용된 여러분은 배럴의 브랜드혁신 TFT에 배속되었다. 여러분의 과제는 2025년까지 배럴이 업계 최고의 브랜드로 자리 잡고 가장 높은 마켓쉐어를 차지할 수 있도록 ▪ 배럴의 친환경 기업철학에 부합하며, ▪ MZ세대에게 더 나은 삶의 질을 제공하고, ▪ 더 나은 세상을 만들기 위한 ▪ 온/오프 쇼핑 개선, 브랜드가치 제고, 콘텐츠 개발 등과 관련 시제품을 제안하는 것
조건	▪ 융합: 디자인, 경영 2개 이상의 전공 지식을 동시에 활용할 것 ▪ 목적: 배럴의 브랜드 이미지 제고, 판매증진, 기업가치의 실현 ▪ 시간: 가까운 미래에 실행/구현 가능 ▪ 범위: 국내 시장
평가기준	▪ 문제의 핵심 ▪ 적절한 리서치 ▪ 아이디어의 설득력 ▪ 발표의 전달력 ▪ 디자인 ▪ 프로토타입

[표3-6] 2021학년도 2학기 융합수업의 프로젝트 소개

융합교육은 다양한 전공으로 이루어진 팀이 프로젝트를 진행하는 과정 중에 학습 효과를 도모하는 것이기 때문에 적합한 프로젝트의 선정이 매우 중요하다. 프로젝트 선정 시 교수자가 고려해야 할 내용은 다음과 같다.

▪ 교수자가 지도할 수 있는 전공 분야인가?
▪ 융합교육의 목표를 달성할 수 있는가?
▪ 학과별 개별 교과목의 학습 목표를 달성할 수 있는가?
▪ 학부생이 수행할 수 있는 난이도인가?
▪ 수강생에게 흥미로운 과제인가?

- 현실감이 있는가?
- 공동체에 긍정적인 가치를 제공하는가?[25]

2021학년도 2학기에 선정한 프로젝트, 즉, (주)배럴의 '브랜드 혁신'은 마케팅을 전공한 경영전공 교수와 사용자 경험 디자인을 전공한 교수자가 전문성을 가진 분야이며, 두 개 전공 교과목의 학습 목표를 달성하기에 적합한 주제였다. 또한 경영전공과 디자인전공의 수강생이 각자 자신의 전공에 대한 이해를 토대로 타 전공의 내용을 교차 학습하면서 자연스럽게 융합교육의 목표를 달성하기에 적합했다. 문제의 난이도 측면에서 마케팅에 대한 이해를 토대로 전통적인 방식과 디지털 미디어를 활용한 방식을 종합적으로 도모하도록 수업을 설계하여 수강생이 다루기에 적합한 수준이었다.

산학 상대 업체의 요구 중 하나는 MZ 세대로 사용자층을 넓히고 확고히 하고 싶다는 것이었다. MZ세대인 수강생은 자신의 신체적인 건강, 체형, 외모에 관심이 높다. 수강생의 흥미 측면에서 산학업체의 요구와 수강생의 관심이 부합했다. 현재 시장에서 판매 중인 브랜드를 다루고 있으며, 2025년까지 해당 기업의 브랜드 가치를 제고하는 프로젝트이므로 현실감 측면에서 충분한 정도로 조건을 만족한다. 산학의 상대 기업인 (주)배럴은 건강한 스포츠 문화를 선도하고 있으며, 소재, 생산, 유통, 폐기의 모든 과정을 친환경적인 방식을 추구하고 있어 공동체에 긍정적인 가치를 제공하는 측면의 조건도 부합한다.

융합교육에 참여하는 전공의 특성에 따라 프로젝트나 개발 모델은 다양할 수 있을 것이다. 그러나 어떠한 프로젝트를 하더라도 한 학기를 몇 개의 단위로 나누어 중간 산출물을 관리하는 것은 효과적이었다. 첫째, 중간 산출물을 만들어 내기 위해서 팀 내의 협업이 촉진되고 팀워크가 형성되었다. 둘째, 중간 산출물을 만드는 과정에서 자연스럽게 자기 주도 학습을 하게 되었다. 셋째, 과제를 상호 열람하면서 상향 평준화되는 효과가 있었다. 넷째, 여러 번의 발표 기회를 가지면서 수강생의 프레젠테이션 역량이 향상되었다. 다섯째, 두 번에 걸친 평가를 통해 공정한 평가를 할 수 있었다.[26]

제 4장
교육환경
구축

4-1
시간표

융합교육 교수자는 1학기 말에 협의를 통해 2학기 융합교육을 위해 시간표를 맞추어 설강을 했다. 본 학기의 융합수업은 하나의 교과목을 여러 교수자가 시행하는 것이 아니라, 각각의 교수자가 별도의 과목을 개설하고, 합반과 분반을 통해 융합교육을 수행했다. 이와 같은 방법은 기존 학과가 연계하여 학제간 교육 프로그램을 제공하는 방법으로, 학사 시스템의 개선 없이도 융합교육을 수행할 수 있고, 산업의 변화에 유연하게 대응할 수 있다는 장점이 있다.[27]

27
이상선, 서성은(2016)

4-2
학습자의 이해

학습자에 대한 이해는 교육의 시작점이라고 할 수 있다. 본 절에서는 학생의 모집과 학습자 이해를 위해 사용한 방법에 대해 설명한다.

학생 모집

수강생의 경우 대개 수업 개시 전 방학 중에 확보해야 한다. 융합교육을 수행하는 학과의 숫자에 따라 과목의 수강생이 자연스럽게 결정된다. 4년간의 융합교육 경험을 돌이켜 보았을 때 이상적인 팀의 수는 6개, 한 팀의 적절한 인원은 8명 내외인 것이 바람직하다고 본다. 결과적으로 융합수업에 참여하는 전체 수강생의 숫자는 50명 이내인 것이 바람직하다. 2학기에 융합수업을 계획한 교수자는 1학기 말부터 다양한 채널을 통하여 수강생에게 2학기에 융합수입이 있음을 공지하였다. 보통 7월 중에 2학기 수강 신청이 이루어지는데, 수강 인원을 정할 때 융합교육을 고려하여 공지하고, 이 기간 중에 수강 신청 인원의 숫자를 관찰하면서 융합수업에 적절한 수강 인원이 되도록 하였다.

융합교육에 참여하는 인원이 50명을 넘으면 한 교실에서 수업을 진행하는 데 어려움이 많았다. 융합교육이 원만하게 진행되기 위해서는 수강생의 전공, 전공별 인원, 한 팀의 인원 등 고려해야 할 점이 많다. 한 전공의 인원이 너무 많을 경우 전공의 역할을 미루게 되는 일이 발생하고, 너무 적을 경우 수강생이 과부하로 어려움을 겪게 된다. 이와 같은 점을 고려하여 수강 신청 기간 중에 과목별로 일단 최소 수강 인원으로 설강을 한 후, 수강을 희망하는 학생이 있는 것을 확인하면서 수강생의 숫자를 맞추는 방식으로 수강생 전체 인원과 학과별 인원을 조율하였다.

수강생을 확보하는 데 가장 큰 장애는 상대평가에 따른 수강생의 성적 압박이다. 융합수업의 경우 수강 후 수강생의 만족도는 상당히 높은 편이다. 그러나 타 과목과 달리 프로젝트 진행에 따른 학업 투여 시간이 높고, 팀 플레이에 따른 부담이 발생한다. 학생들은 융합수업을 통해 배우는 점이 많고 풍부한 경험을 할 수 있다는 점에는 공감하지만, 더 많은 시간을 투자하고도 좋은 학점을 받기는 어렵다는 인식이 팽배해 있어 융합교육을 확산하는 데 장애로 작용하고 있는 실정이다. 따라서 융합교육 확대를 위해서는 상대평가 방식에 대한 재고가 필요하다.[28] 상대평가가 융합교육 확대에 장애가 된다는 것을 알아채고, 2021년에 운영하는 융합수업의 경우 경영전공은 Pass/Fail 평가를 하는 세미나 수업으로, 디자인전공은 절대평가가 가능한 스튜디오 수업으로 선정해서 진행했다.

본 수업은 전공에 대한 지식이 어느 정도 있는 상태에서 프로젝트를 수행하도록 설계된 수업으로, 수강 학년을 3학년 이상으로 제한했다. 또한 학과별 공지사항을 통해 본 융합수업에 대한 소개를 통해 충분한 정도의 학습동기부여가 있는 수강생이 수강하도록 독려했다.

수강생 조사 설문

학습자에 대한 이해는 교육의 시작점이라고 할 수 있다. 융합교육의 경우는 교수자와 학습자 간의 이해는 물론이거니와 학습자 간의 교육 활동이 중요하기 때문에 더욱 더 학습자에 대한 상호 간의 이해가 필요하다. 본 융합수업 개시 1주일 전에 수강생을 대상으로 설문을 실시하고, 이 설문 자료를 토대로 팀 빌딩을 하고, 개강일에는 팀 단위로 수업을 시작했다. 수강생 대상으로 하는 자기소개서 형식 설문의 목적은 다음과 같다.

- 교수자가 학습자를 이해하고 학생 상담을 위한 기초자료를 확보
- 학습자가 원하는 프로젝트 유형 파악
- 팀 빌딩에 필요한 학생 성향 파악
- 수강생 간 서로에 대한 기초 정보 제공
- 수강생의 연락처 파악

질문	설명
희망 프로젝트 유형	▪ 프로젝트 유형 중 1지망, 2지망, 3지망 지원 선택 ▪ 팀 빌딩 시에 1지망에 우선 배정하고 한 쪽에 몰릴 경우, 2, 3 지망으로 조정
학생 프로필 (공개)	▪ 성명 / 소속 / 학년 / 성별 / 연락처 / 구글계정 ▪ 소속, 학년, 성별은 팀 빌딩 시에 참고자료로 활용 ▪ 연락처는 팀원 간의 소통을 위해 공개 ▪ 구글계정은 강의자료 공유 설정을 위해 활용
소셜계정 (공개)	▪ Instagram, Facebook, Blog 등 링크 ▪ 교수자가 수강생의 관심과 외부 활동을 이해하기 위한 용도 ▪ 학습자 간에 서로의 이해를 촉진하고 가상공간에서 관계형성을 위해 공개
졸업 후 희망 진로 (공개)	▪ 교수자가 학습자의 희망 진로를 이해하고 개별적인 지도 방향 수립을 하기 위해 확인 ▪ 학습자 간에 서로의 이해를 돕기 위해 공개
학습자의 관심 분야 (공개)	▪ 몰두하고 있는 분야가 있는지에 대한 질문 ▪ 학습자 간에 서로의 이해를 돕기 위해 공개
융합수업 선택 이유	▪ 융합교육 체험 희망, 교수자 신뢰, 선배의 추천, 어쩌다 신청, 졸업 필수과목, 교수자의 강요 등 6개의 옵션에 대한 복수 선택 질문 ▪ 학습자의 수강 마인드 확인을 위한 질문으로 비공개
주거방식 및 통학 (공개)	▪ 학기 중 주거 방식 및 통학 소요시간에 대한 질문 ▪ 수강생 간에 팀 활동을 할 때 대면 회의의 가능성을 가늠할 수 있도록 공개
아르바이트 시간	▪ 학기 중 주당 아르바이트 시간에 대해 질문 ▪ 과도한 아르바이트로 인해 학업에 지장을 초래하는 일이 없는지 확인하기 위해 하는 질문으로 응답은 수강생에게 비공개
재학 중 취업 가능성	▪ 4학년 수강생이 2학기에 융합수업을 수강할 경우 조기 취업으로 인해 팀 전력에 공백이 생기는 경우가 발생함에 따라 수강생의 취업 가능성 문의 ▪ 조기취업 상태, 취업되면 학기 중에라도 출근 예정, 취업 지원 중, 학기 완료 후 취업 예정 등으로 질문 ▪ 팀 빌딩 시에 취업에 따른 팀원 공백에 대비함
상담기초 자료	▪ 건강, 경력, 사회, 관계, 경제, 감정, 태도, 가족 등 현재 자신이 처한 상황에 대해 큰 고민부터 매우 좋음까지 5점 척도로 응답 ▪ 수강생과 상담 시에 기초 자료로 활용
상담심화 자료	▪ 기초 자료에 응답한 내용을 포함하여 수강생이 당면한 가장 큰 문제를 서술형으로 응답 ▪ 답변 내용은 비공개로 상담 교수자만 볼 수 있으며 상담 시 자료로 활용
장점, 단점, 자랑	▪ 수강생의 장점, 단점, 자랑거리에 대한 응답 ▪ 장점과 자랑거리는 학습자 간에 서로의 이해를 돕기 위해 공개 ▪ 단점은 교수자만 열람

팀장 의사	• 팀 활동 시 팀장희망의사에 대해 1)팀장으로 봉사하고 싶다, 2)팀장이 되면 하겠다, 3) 상관없다, 4)팀원이고 싶다, 5)팀장 시키면 휴학한다의 5단계로 질문 • 1), 2)로 응답한 수강생 중에서 학업 성취도가 높고, 학습자 간에 지지를 받는 수강생을 팀장으로 선발하는 데 기초자료로 활용
기피하는 팀원	• 수강생 중 함께 팀원이 되면 껄끄러운 것이 염려되는 친구가 있다면 이름과 이유를 응답하도록 함 • 한 팀 안에 기피하는 구성원이 팀이 되지 않도록 조율함
기타	• 교수자에게 당부하고 싶은 말, 수업에 대한 부탁 등 자유로운 응답으로 학생에게 비공개

[표4-1] 학기 초에 실시하는 수강생 설문의 내용

수강생 대상 설문
https://url.kr/x1akmq

초기에 본 수업을 수강 신청한 수강생은 총 50명 이었다. 수강 신청 변경 기간 중에 5명의 학생이 휴학과 수강 철회를 하여 개강일에는 45명의 수강생이 수업을 시작했다. 학기의 초반에 경영전공 수강생 2명이 수강을 포기하여 학기말까지 수강한 수강생은 경영전공 12명, 디자인전공 26명, 스포츠과학전공 5명 이다.

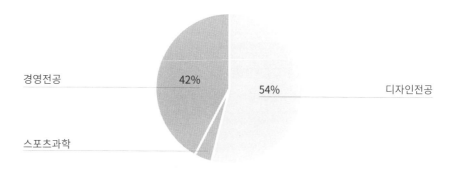

[그림4-1] 수강생의 소속전공 구성 (응답 50명)

본 수업을 신청한 수강생의 성비는 여성 54%, 남성 46%로 나타났다. 경영전공은 남초 현상이, 디자인전공은 여초 현상이 두드러지는데, 융합수업에서는 비교적 성비에 치우침이 없는 수강생으로 학급이 구성 되었다.

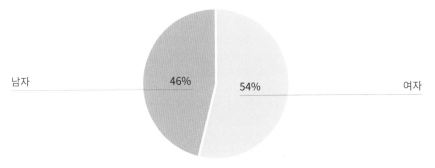

[그림4-2] 수강생의 성별 구성 (응답 50명)

본 융합수업을 신청한 이유는 복수로 선택할 수 있는 질문이었다. 이 질문에 대한 응답 중 높은 비중은, 교수자에 대한 신뢰, 융합교육 체험에 대한 희망, 졸업 필수 과목인 것으로 나타났다. 대부분의 수강생이 본 수업을 진행하는 교수자의 수업을 수강한 적이 있는데 교수자의 이전 수업에서의 경험이 긍정적이었던 것으로 보인다. 또한 이와 같이 다른 전공의 학생이 하나의 수업에서 프로젝트를 함께 진행한다는 사전 공지를 보고, 지적인 호기심과 의욕을 가지고 본 수업을 신청한 수강생도 절반이 넘는 것으로 나타났다.

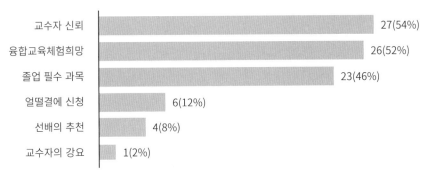

[그림4-3] 수강생의 수업 선택 이유 - 복수선택 가능 (응답 50명)

수강생 중 38%가 본가에서 통학하는 것으로 나타났다. 본 대학의 위치상 수강생이 통학을 할 경우 상당한 시간이 소요되는 경우가 많기 때문에, 대면 수업을 할 경우 미리 계획하고 수강생에게 사전에 공지하여 수강생이 대면 수업 참여에 차질이 없도록 할 필요가 있었다.

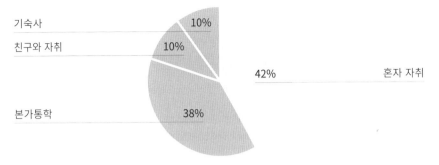

[그림4-4] 수강생의 학기 중 주거 방식 (응답 50명)

수강생 중 경영학과 4학년 수강생 2명은 학기 중이라도 취업이 될 경우 바로 출근을 계획하고 있었다. 이 수강생이 학기 도중에 팀에서 빠지더라도 팀의 전력에 문제가 생기지 않도록, 이 수강생은 팀장으로 선발하지 않았으며, 이 학생이 소속된 팀에는 경영학과 수강생의 숫자를 다른 팀보다 많게 배정했다.

4-3
팀 빌딩

팀 빌딩에 영향을 끼치는 설문에 대한 응답은 다루고 싶은 프로젝트 유형과 팀장 희망 의사이다. 수강생의 설문에 나타난 질문에 대한 응답은 아래와 같다. 총 50명의 수강생 중 가장 많은 인원인 19명이 브랜드 가치를, 그다음으로 13명이 콘텐츠 개발 프로젝트를 희망했다. 2지망과 3지망의 응답도 참고하여 팀 빌딩에 활용했다.

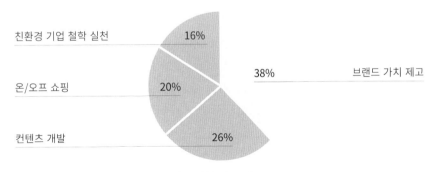

[그림4-5] 희망하는 프로젝트 유형 선택 구성 (응답 50명)

팀장으로 봉사하고 싶은 수강생은 6%, 팀장이 되면 하겠다고 응답한 수강생은 20%였다. 팀장은 수업에서 심리적인 부담감이 높고, 리더십을 발휘해야 한다. 따라서 가능하면 팀장을 담당하더라도 적극적으로 활동할 의사가 있는 수강생이 팀장 역할을 수행하는 것이 적합하다. 이와 같은 과정을 거치지 않고 팀원들이 알아서 팀장을 선발하게 하는 경우, 소극적인 팀원들이 특정 팀원을 팀장으로 떠밀어 억지로 선발되는 경향이 있다. 또한 이전의 융합수업에서 연장자인 수강생과 남학생에게 팀장을 맡기려는 경향이 나타나는 현상을 볼 수 있었다.

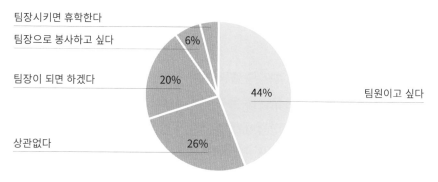

[**그림4-6**] 팀장 희망 의사 (응답 50명)

교수자들은 수강생의 응답 결과를 본 후, 회의를 통해 수업 전에 1차 팀 빌딩을 했다. 이 결과를 수강생들에게 사전 공지하여, 수행하게 될 프로젝트의 유형과 소속팀의 구성원을 확인한 후 이의가 있을 경우 변경 요구 등을 할 수 있도록 했다.

교수자는 수강생이 희망하는 프로젝트의 유형을 최우선적으로 반영하여, 가능하면 수강생의 1지망을 배정한 후, 다른 요인을 고려하여 2지망 배정했다. 프로젝트 기반 학습, 팀 기반 학습에서 팀 빌딩은 학습자의 만족도와 학업 성취도에 직접적인 영향을 끼치는 중요한 과정이다. 팀 빌딩의 가장 핵심적인 주안점은 팀 간의 균형이다. 융합수업의 초창기에는 수강생이 자율적으로 팀을 구성하도록 했는데 이때 발생한 문제는, 1) 가까운 수강생끼리 팀이 형성되는 점, 2) 특정 팀으로 역량이 치우치는 점, 3) 리더십 있는 구성원이 지나치게 많거나 적은 점 등이었다. 이와 같은 문제를 방지하기 위해 본 융합수업에서는 개강 전 수행한 설문을 토대로 교수자가 팀 빌딩을 해서 운영했다. 융합수업을 위한 팀 빌딩의 과정과 고려한 점은 다음의 표와 같다.

팀 빌딩 단계	설명
프로젝트 유형별 그룹핑	▪ 수강생이 선택한 프로젝트 유형에 따라 그룹핑 ▪ 수강생 규모가 45명 정도로 한 팀의 인원을 6~7명으로 할 때 총 7개의 팀이 적합 ▪ 수강생의 희망에 따라 브랜드, 쇼핑, 컨텐츠는 2개 팀, 친환경은 1개 팀으로 구성됨
팀장 선발	▪ 그룹별 구성원 중에서 팀장 희망 의사에 긍정적으로 응답한 수강생을 팀장 후보 선정 ▪ 팀장 후보의 책임감, 태도, 학업 성취도, 전공, 학년, 성비 등을 고려하여 7명의 팀장 선정
팀원 배정	▪ 수강생의 전공, 학년, 성비, 학업성취도를 고려하여 7개 팀에 역량이 고르게 분포하도록 배정 ▪ 기피하는 수강생이 한 팀에 있지 않도록 조정 ▪ 팀 활동에 소극적인 수강생이 한 팀에 1명 이상 배정되지 않도록 분산 배치 ▪ 조기취업으로 인해 중도에 나갈 가능성이 있는 수강생 분산 배치
학생 공지와 조정	▪ 수업 개시 전에 팀 빌딩 결과를 사전 공지 ▪ 프로젝트 유형과 소속팀의 구성원을 확인 후 이의가 있을 경우 조정 ▪ 개강일에는 확정된 팀원끼리 수업 활동 시작

[표4-2] 팀 빌딩의 과정과 단계별 고려점

4-4
교육공간

본 학제간 융합수업의 공간은 수업 및 활동을 위한 물리적인 교실, 발표를 위한 대형 강당, 수강생의 현장 리서치 공간과 다양한 소통과 기록을 위한 온라인 공간으로 구분할 수 있다. 온라인 교육 공간에 대해서는 6장에서 별도로 다룬다.

활동 중심 수업에 적합한 교실

바람직한 융합교육은 극단적인 협업을 전제로 한다. 융합교육을 수행하는 교육기관에서는 창의성을 촉진하는 전용 공간의 필요성을 강조하고 있으며 다양한 형태로 운영하고 있다.[29] 혁신적인 융합교육으로 명성이 높은 스탠포드 디스쿨의 사례만 보더라도, 창조성과 상호 협동을 장려하기 위해 탁트인 공간, 토론과 참여를 촉진하는 이동식 벽체와 이동이 용이한 작은 책상, 화이트보드, 포스트잇, 형광펜과 프로토타이핑을 돕는 각종 도구로 가득한 융합교육 공간을 제공하고 있다. 본 대학에서 융합교육을 진행한 1, 2년 차에는 융합교육 전용 공간이 없었지만, 2014년부터 융합교육을 위한 전용 공간을 갖추게 되었다. 일반 강의실보다 약간 큰 6x15m의 공간으로, 여기에 팀별로 이동식 화이트보드를 제공하고, 이동이 용이한 책걸상, 포스트

29
문금희(2012)

잇, 핀업용 도구, 마커 등을 갖추고, 24시간 개방하여 융합수업에 참여하는 수강생들이 자유롭게 토론을 하거나 프로토타입을 제작할 수 있는 환경을 만들었다. 융합교육을 위한 전용 공간이 없더라도 팀의 개수만큼 이동식 대형 화이트보드가 있고, 이동이 용이한 책걸상이 있다면 융합교육 공간으로 충분히 활용할 수 있을 것이다.[30]

30
이상선(2016)

　　2021학년도 2학기는 코로나19로 인해 이미 마련된 융합 교실에서 50명의 수강생이 충분한 간격을 확보하고 수업을 할 수 없었다. 방역지침을 준수하면서 수업을 운영하기 위해 120명을 동시에 수용할 수 있는 대형강의실을 확보했으나, 비대면 수업이 장기화 됨에 따라 교실에서의 수업 활동은 하지 못한 채로 학기를 마무리 했다.

31
이상선(2016)

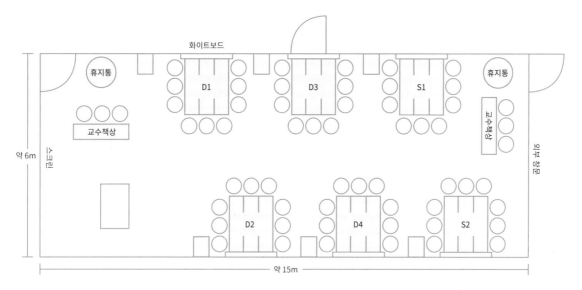

[그림4-7] 한경대학교에 마련된 융합교육 공간: 약 6x15m의 공간으로 45명 정도의 수강생(최대 54명)이 팀 활동을 하면서 수업을 진행할 수 있도록 마련되어 있다. 팀별로 이동식 화이트보드가 마련되어 있고, 이동이 용이한 책상과 걸상이 배치되어 있다.[31]

[그림4-8] 대형 화이트보드 앞에서 활동 중인 수강생[32]

발표 공간

본 융합수업의 중요한 교육목표 중 하나는 의사소통역량 강화이다. 수업 중 또는 팀 활동 중에 일상적으로 일어나는 듣기, 말하기와 함께, 자신의 생각을 조리 있고 설득력 있게 전달하는 것은 의사소통역량 강화를 목표로 하는 본 수업의 중요한 학습 활동이다. 발표를 할 때 공간이 주는 맥락적 교육 효과가 있다. 수업을 진행하는 일반 교실이나 ZOOM을 통한 비대면 발표가 아니라, 조명, 무대, 마이크, 대형 스크린이 마련된 큰 공간에서 발표를 하는 경험은 학습자에게 무대에 대한 공포감을 줄여주고 자신감을 심어줄 수 있다. 실수를 해도 되는 학교라는 안전한 공간에서 학습자가 발표 연습을 하도록 본 수업의 중간고사와 기말고사는 본 대학에 있는 대형 강당 중 가장 크고, 무대가 높은 강당에서 무대발표로 진행했다. 모든 수강인원이 마스크를 착용하고 방역 수칙을 지키면서 발표회를 할 수 있어서 발표회는 전면 대면으로 진행했다.

2020년에도 이와 같은 발표회를 계획했으나 수강생 중 일부가 코로나19 확진자와 밀접접촉자인 경우, 등교를 불안해하는 경우가 있어, 일부의 학생은 현장에서, 일부의 학생은 ZOOM으로 참여하는 혼합방식으로 발표회를 진행했다. 2021년은 모든 수강생이 한 명도 빠짐없이 현장 발표회에 참여했다.

[그림4-9] 높은 단상, 대형스크린, 마이크, 조명이 설치된 공간에서 발표 중인 수강생

[그림4-10] 200명 이상 수용 가능한 대형 강당에서 방역 수칙을 지키면서 발표를 경청 중인 수강생

현장 교육 공간

브랜드 이미지는 브랜드를 둘러싼 다양한 국면에서 형성되므로 산학기업 브랜드의 제품이나 서비스를 경험할 수 있는 현장 교육 공간이 필수적이었다. 수강생이 실제 사업이 진행 중인 현장을 방문하기에 앞서, 기업의 담당자로부터 사전에 허락과 협조를 구했다. 기업의 담당자는 현장 학습 방문 시의 주의점을, 교수자는 방문 예절, 현장 학습 시 기록 방법, 자료의 공유방법을 수업 카페에 공지했다.

현장 학습을 다녀온 학습자는 현장 학습의 다양한 기록과 시사점을 정리해 수업 카페에 공유하여, 학습자 상호 간 학습을 할 수 있었다. 같은 공간을 방문했어도 학습자에 따라 다른 기록과 시사점을 도출한 것을 관찰할 수 있었다. 또한 필드 트립 후, 학습자의 느낀 점과 질문을 수업 카페에 올려, 교수자와 수강생은 물론이거니와 기업체 담당자와 온라인을 통해 질의응답 할 수 있는 교육 활동으로 이어졌다.

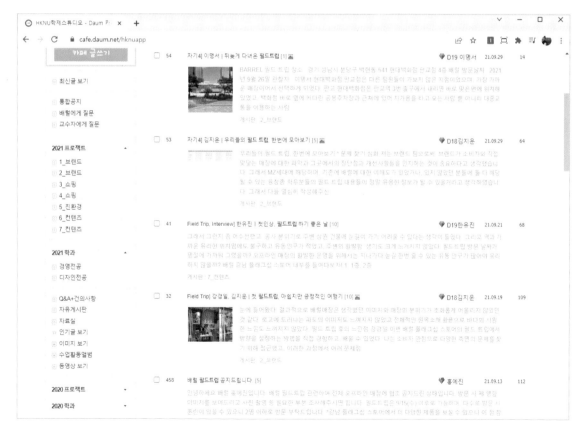

[그림4-11] 현장학습 다녀온 수강생의 보고서

제목: Field Trip] 강경일, 김지운 | 첫 필드트립, 아쉽지만 긍정적인 여행기
현장학습 보고서 내용 중략…

필드 트립 후의 느낀점
강경일:이번 배럴 플래그십 스토어의 필드 트립에서 방향을 설정하는 방법을 직접 경험하고, 배울 수 있었다. 나는 소비자 관점으로 다양한 측면의 문제를 찾기 위해 접근했고, 이러한 과정에서 여러 문제점을 발견했다. 하지만 나는 앞으로 배럴의 방향성을 설정하고 브랜드의 발전의 확장성을 볼 수 있는 경험이라는 생각에 긍정적이라 생각된다. 이러한 과정에서 배럴에 대한 아쉬움은 긍정적인 영향으로 변화하여 동기부여를 자극하기 충분했다.
김지운: 플래그십 스토어는 브랜드의 성격과 이미지를 극대화한 매장이라고 알고 있어서 예전 방문한 아더에러 플래그십 스토어를 생각하며 방문했는데 아쉬움이 컸다. 배럴의 플래그십 스토어는 직접 매장을 다녀와보니 고객이 배럴이 추구하는 가치와 브랜드의 방향성을 알 수 있는 터치포인트가 부족한 것 같다고 느꼈다. 고객의 입장에서 가봤던 배럴 플래그십 스토어는 일반 브랜드 매장과 크게 다를 바가 없었던 것 같다. 배럴의 이미지가 무엇인지 뚜렷하게 알 수 없던 부분이 많이 아쉬웠다. 하지만 직접 느껴봤으니 무엇이 필요하고 어떤 도전을 해보면 좋을 지에 대한 생각이 어렴풋이 들었고, 그만큼 배럴의 발전 가능성을 볼 수 있었다.

궁금한 점 (질문)
1. 필드트립을 다녀오신 다른 분들의 경험 내용과 느낀 점이 궁금합니다.
2. 배럴 플래그십 스토어에 원목소재를 적극 활용하신 이유가 있나요? 그리고 설정하신 매장 컨셉이 궁금합니다.

4-5
융합교육 예산

본 융합수업 재원의 출처는 대학의 HK혁신사업단과 산학기업이었다. 융합수업의 예산은 학생의 교육 활동에 직접적으로 제공되는 비용과 수업의 결과를 기록하는 데 드는 비용의 비중이 가장 컸다. 예산이 없어도 융합수업을 운영할 수 있으나 예산이 있으면 유리한 점이 있다. 첫째, 팀프로젝트를 수행하는 수강생들이 모여서 활동할 때, 모임을 전후하여 회의비 및 활동비 예산을 사용하여 함께 식사를 할 수 있었다. 회의비는 모임을 원활하게 하고 촉진하는 데 큰 도움이 되었다. 둘째, 수강생들이 재료비를 활용하여 다양한 수준의 프로토타이핑을 해 볼 수 있었다. 다양한 수준의 프로토타이핑은 구성원 간의 소통을 촉진하고, 문제를 사전에 발견하도록 도와주고, 만드는 과정에서 학습자의 흥미를 높일 수 있으며, 그 자체로 훌륭한 학기말 산출물이 될 수 있다. 학습자는 프로토타이핑 제작을 통해 단순한 아이디어 발상에 그치는 것이 아닌 실천적인 학습 활동을 할 수 있다.[33]

33
이상선(2016)

구분	지출 내용
수강생에게 제공되는 학습활동 지원비	▪ 팀별 회의비 ▪ 현장답사 교통비 ▪ 사용자 조사 사례비 ▪ 소프트웨어 사용비 ▪ 샘플 구입비 ▪ 프로토타입 재료비 ▪ 산출물 출력비
융합교육 기록 출판비	▪ 출판 관련자 인건비 ▪ 인쇄비
기타 융합수업 운영비	▪ 특강 강사 강사비 ▪ 심사위원 심사비 ▪ 수업 활동에 필요한 문구 ▪ 회의비

[표4-3] 2021학년도 2학기 융합수업 예산의 지출 내용

제 5장
강의계획
수립

5-1
수업 모델링

2021학년도 2학기 융합교육에 참여하는 2명의 교수자와 1명의 기업체 전문가는 하계 방학 중에, 매주 1회의 회의를 통해 강의 계획을 수립하고 강의 자료를 작성했다. 융합교육의 경우 다른 교과목에 비하여 변수가 많으므로, 수업 진행 중 문제 발생을 최소화하고자, 지난 융합교육 경험을 토대로 강의 계획을 촘촘하게 수립하였다. 하계 방학 기간 중의 강의 계획 수립과 강의 자료 개발은 다음과 같은 단계를 거쳤다.

34
영국 디자인카운슬
더블다이아몬드 프로세스
https://url.kr/a3jp1y

- 더블 다이아몬드 프로세스[34]에 기반한 15주 계획 수립
- 공통적으로 필요한 학습 내용 도출
- 주차별 상세한 계획 수립
- 강의 자료의 검색과 선정

PBL 및 디자인 씽킹 기반으로 15주 동안 수업을 운영하면서 자연스럽게 결과물이 도출되도록 수업의 윤곽을 수립했다. 15주의 수업의 윤곽을 디자인 카운슬(Design Council)이 제안하는 더블 다이아몬드 프로세스, 즉, 문제 발견, 문제 정의, 개발, 전달의 네 단계로 크게 나누고, 매 단계별로 적절한 주간과 도출할 산출물을 설정하였다.

　더블 다이아몬드 디자인 프로세스가 프로젝트를 성공적으로 이끄는 절대적인 프로세스라고 볼 수는 없다. 실제 상황에서는 프로젝트 진행이 선형적으로만 진행되는 것이 아니기 때문에 이 프로세스를 거치는 것이 곧 프로젝트를 성공으로 이끄는 것은 아니다. 그러나 프로젝트의 진행 과정을 문제와 해결 방안 과정으로 크게 나누고, 문제 단계에서 확산과 수렴을, 해결 단계에서 확산과 수렴하는 과정을 거치도록 정의한 프레임워크는 디자인을 전공하지 않은 구성원과 프로젝트를 수행할 때 도움이 된다. 더블 다이아몬드 디자인 프로세스는 디자인의 프로세스를 가시화하여 구성원과의 소통을 돕기 때문이다.

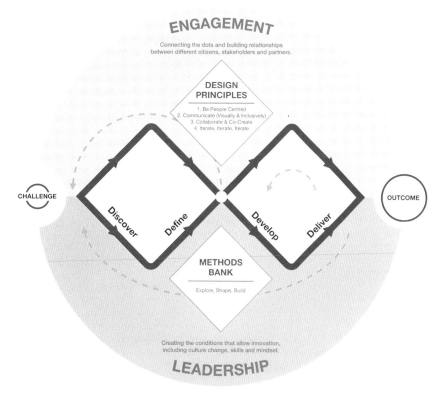

[그림5-1] 영국 디자인카운슬 더블다이아몬드 프로세스

5단계의 디자인 프로세스를 15주의 수업에 맞춰 좀 더 상세하게 계획했다. 수업의 전반부는 해결하고자 하는 문제를 발견하고 정의하는 단계로 중간고사 기간까지 진행된다. 수업의 후반부는 문제 해결을 위한 해결 방안을 모색하여 개발하고 이를 적절한 프로토타입으로 전달하는 단계로 학기 말까지 진행된다.

　　본 융합수업의 주차별 강의 계획에서는 7강에 중간고사에 해당하는 문제 정의에 대한 발표회를, 14강에 기말고사에 해당하는 해결 방안 발표회를 가졌다. 이는 통상적인 중간고사나 기말고사 기간에 비해 1주일 당긴 일정이다. 본 융합수업은 전 기간 팀 활동 중심으로 진행되고, 발표회도 팀원의 협력으로 진행해야 하는데, 중간발표와 기말발표의 기간이 중간고사 및 기말고사의 기간과 겹칠 경우 수강생의 부담이 가중되기 때문에, 본 발표회와 시험 기간을 빗기게 하기 위한 교수자의 배려 때문이다. 이와 같은 일정 조정은 예년의 융합수업에서 수강생들이 강의 평가에서 응답한 피드백을 반영한 결과다.

phase	Understand		Discover		Define			Develop			Deliver				회고
구분	1	2	3	4	5	6	7	8	9	10	11	12	13	14	15
활동	강좌소개·팀인사	서비스디자인	마케팅기초	사용자만나기	퍼소나	엘리베이터피치	리서치결과발표	프로토타이핑	브랜딩	그래픽워크샵	전달단계	소셜마케팅	발표준비워크샵	시제품발표	수업회고와 평가
목표	• 맥락 이해 • 목표 수립	• 문제 발견 • 사례 조사 • 팀플 환경		• 문제의 정의 • 해결 방안 사례 • 구체적 학습 목표 수립			• 융합 프로젝트 수행 • 전공별 자기주도 학습			• 효과적인 소통 전략과 방법 • 프로토타이핑				• 성찰	
산출	• 포트폴리오 시작	• 문제 목록 • 리서치 보고서		• 목표 프로젝트 사례 • 리서치 통합 보고서 • 역기획서 초안			• Rapid Prototype • 전공별 산출물 • 역기획서 수정안			• High fidelity Prototype • Promotion Movie • SNS Contents • Process PT				• 포트폴리오	

[그림5-2] 주차별 수업 개요

5-2
상세 강의계획 수립

공통적으로 필요한 학습 내용 도출

여러 전공의 수강생이 하나의 팀을 이루어 프로젝트를 진행할 때 의사소통의 어려움에 직면하게 된다. 서로 다른 전공 학생들 간에 원활한 소통을 위해서는 융합교육에 참여하는 모든 전공에 대해서 전공 기초적인 내용에 대한 학습이 필요하다. 이 전공 기초 학습의 경우 해당 전공의 수강생에게는 중요한 내용에 대한 복습의 효과가 있고, 타 전공의 학생들에게는 소통을 위한 준비의 효과가 있다.

예년의 경우는 융합교육에 공통적으로 필요한 학습 내용을 참여하는 교수자가 수업 시간 중에 미니 강의의 형태로 진행했다. 그러나 앞서 수행한 융합교육 성찰을 하는 과정 중에, 수업 시간은 수강생들에게 더 많은 활동을 할 수 있도록, 공통적인 학습 내용은 스스로 학습할 수 있도록 여건을 조성하는 것이 바람직하겠다는 결론에 도달했다. 이에 따라 융합수업에서 공통 학습 내용은 플립드 러닝 방식으로 수강생이 자기 주도적으로 학습하게 하고, 교수자의 강의 비중을 크게 낮추었다. 이러한 방법을 통해서 수업 시간에 학생들이 활동과 소통의 기회를 더 많이 가질 수 있게 되었다. 본 수업에 적용한 플립드 러닝 경험에 대해서는 다음 장에서 보다 자세하게 소개한다.

단계	주차	전공	학습주제
이해	1	디자인	▪ 서비스 디자인이란? ▪ 서비스 디자인 프로세스 ▪ 문제 발견 단계
		경영	▪ 3C, STP, 포지셔닝 전략(전략 캔버스), 마케팅 개념의 변화 과정
	2	디자인	▪ 서비스 디자인 프로세스 ▪ 문제 발견 단계
		경영	▪ 마케팅 트렌드 ▪ 소비자 인터뷰
		모든 전공	▪ 산학 기업체 특강 (실시간 ZOOM 강의)
발견	3	디자인	▪ 사용자 인터뷰 방법
		경영	▪ 선택 설계 넛지 ▪ 소비자 심리
	4	디자인	▪ 문제 정의 단계
		경영	▪ 포지셔닝 / 파괴적 포지셔닝 ▪ Perceptual MAP
정의	5	모든 전공	▪ Pecha Kucha
	7	디자인	▪ 해결 방안 개발 단계
개발	8	경영	▪ 브랜드 아이덴티티 ▪ 브랜드 차별화와 감성화 ▪ 브랜드 레버리징 ▪ 브랜드 아키텍처 ▪ 브랜드의 사회참여
	9	디자인	▪ Figma 프로토타이핑 툴 사용법
	10	디자인	▪ 해결 방안 전달 단계 ▪ 스토리보드 ▪ 브랜드 디자인
		경영	▪ 브랜드 로고 ▪ 브랜드 스토리의 3요소
전달	11	모든 전공	▪ 소셜 미디어 마케팅 특강 (실시간 ZOOM 강의) ▪ 보도자료 작성법

[표5-1] 타 전공의 이해를 위해 상호 학습한 강의 목록

공통적으로 필요한 이론적인 내용의 학습 방법은 대부분 플립드 러닝을 활용했다. 자기 전공의 내용은 간단한 복습으로, 타 전공의 내용은 동영상의 요약과 질문을 온라인 수업 카페에 제출하도록 했다. 교실 수업에서는 수강생이 과제로 진행한 플립드 러닝 내용에 대해 교수가 중요 내용을 강조하고

	Understanding		Discover		Define		
week	1	2	3	4	5	6	7 대면
date	9. 2	9/9	9. 16	9/23	9. 30	10. 7	10. 14
goal	Class OT	Understanding	Problem	User	Define	Define	기획서 PT
2:00	Class OT by ssy	도입&과제리뷰	도입&과제리뷰 hur	도입&과제리뷰	도입 및 과제리뷰	도입 및 과제리뷰	중간 발표회
2:10		Service Design	Marketing Problem	by ssy	Define Phase		1팀 링크
2:20		Discover Phase	by hur	How to meet user	by ssy	다음수업&과제설명	
2:30		by ssy		by ssy			2팀 링크
2:40	PBL by Hur				STP	개별 Define	
2:50					by hur	개인별 평가지	
3:00					5팀 miro link	3분 스피치	3팀 링크
3:10		BARREL 특강	다음수업&과제설명				
3:20		by 이상훈 대표	팀활동 설명 by ssy	다음수업&과제설명	다음수업&과제설명	PT Planning	4팀 링크
3:30	Ice Break 설명		브랜드환경워크샵	by hur	팀활동 설명	Workshop	
3:40	by ssy		1팀 miro link	Interview Planning	by ssy		5팀 링크
3:50	BG Worksheet		2팀 miro link	by hur			
4:00		Q&A	3팀 miro link	미로 워크시트 좌동	미로 워크시트 좌동		
4:10			4팀 miro link				6팀 링크
4:20			5팀 miro link				
4:30	다음수업&과제설명	다음수업&과제설명	6팀 miro link				7팀 링크
4:40	by ssy	by hur	7팀 miro link				
4:50	과감파티??						다음수업&과제설명
사기주노	BARREL 이해	BARREL 이해	주제실하자기주도	자기주도학습	자기성찰&강의평가	자기주도학습	평가결과 분석
필수과제	Desk Research	My Discover		경영 1인 STP	자기주도학습	mid term PT 준비	(선방사기주노학습)
				인터뷰 계획수립	PPT Template		
				인터뷰 기록관리			
Flipped	서비스디자인이란?		인터뷰 방법 동영상	Define Mindset	PechaKucha		Develop Mindset
Learning	SD Process		인터뷰 방법	Clustering	Sample of Pecha Kucha		Value Proposition
디자인	Discover Mindset		(경영 only)	Ecology & Persona			Service Blueprint
	Observe			Brainstorming & Re-cl			Custormner Journey Map
	Contextual Inquiry			Concept Brief			Prototyping
	Outputs of Discover			(경영 only)			
경영	세바시 195회 스마트론	[GMC감연] 미래를 예측	진파 넛지전문가가 알으	CEO가 알아야 하는 마ㅊ			브랜드 아이덴티티 [매니지먼트1
	마케팅 기획 진행 과정	[GMC감연] 트렌드는 어	넛지 2탄. 선택설계의 6	고객마음을 들여다보는			브랜드 차별화와 감성화 [매니지ㅣ
		소비자인터뷰	김경일 심리학자 명강으	혁신에 숨어있는 공통적			브랜드 레버리징 [매니지먼트101

[표5-2] 주차별 상세 강의계획서

수강생과 질의응답을 진행했다. 그 후, 플립드 러닝으로 익힌 내용과 관련된 학습활동을 진행하여 학습자가 이론으로 배운 것을 교실 수업의 활동에서 익힐 수 있도록 했다. 본 수업의 경우 프로젝트 진행과 전공 간 소통을 위해 수강생이 학습한 내용은 [표5-1]과 같다.[35]

35
이상선, 서성은(2016)

주차별 상세 계획 수립

15주 수업에 대한 대략적인 시간 계획을 수립한 후, 매 차시별로 보다 상세한 강의 및 수업 운영 계획을 온라인 공간에서 [표5-2]와 같이 구글 스프레드시트로 작성했다. [표5-2] 주차별 상세 강의계획서에서 가로축은 차시를 표현하고 있으며, 세로축은 한 차시마다 소요되는 시간을 표현하고

J	K	L	M	N	O	P	Q	R
		Develop			**Deliver**			**Retrospective**
	8	**9**	**10**	**11**	**12**	**13**	**14 대면**	**15**
	10/21	10. 28	11. 4	11. 11	11. 18	11. 25	12/2	12. 9
	Prototype	Branding	Graphic Design	Deliver Phase	PR / AD	PT Workshop	Final PT	Retrospective
	도입 및 과제리뷰	도입 및 과제리뷰	전공별 심화지도	도입 및 과제리뷰	전공별 심화지도	도입 및 과제리뷰	학기말 발표회	드레스코드 안내
	by hur	by hur	경영 자료	다음수업&과제설명	경영 자료		4팀 링크	강좌를 마치며
	Develop Phase	Brand Branding	디자인 자료	SNS Marketing	디자인 자료	다음수업&과제설명		
		by hur		by Dr. Seo, Hunjoo			5팀 링크	
	Prototyping					PT준비 Workshop		
	by ssy							
	다음수업&과제설명				다음수업&과제설명	PT준비 Workshop	6팀 링크	종강파뤼
	by ssy							온라인갤러리관람
		by ssy	다음수업&과제설명				7팀 링크	Get Barrel on Miro
			활동설명	Project Progress	Project Progress			
	Prototype Modeling	Prototype Sharirng	Prototype Workshop	Workshop 1	Workshop 2		1팀 링크	시상식
	Workshop by ssy		Selection &					
	1팀 miro link		Concentration					
	2팀 miro link							
	3팀 miro link						2팀 링크	
	4팀 miro link							
	5팀 miro link						3팀 링크	
	6팀 miro link	Next To Do List						
	7팀 miro link						종합강평	
	자기8	자기9	자기10	자기11	자기12	Final Folder	Final Folder	개인별 백업
	Prototoyping	Prototyping	Prototoyping	Prototyping	Process Book 진행		2021 Online Gallery	팀단위 백업
	각팀의 miro 에	각팀 miro 에		Deliver Folder	Deliver Folder		개인별 산출물	
		각팀 develop 폴더					자기성찰&강의평가	
		UX Doc (LMS)	Deliver Mindset		BX Guideline 예시			
		Figma Prototyping	Storyboard					
		Figma 강의 1	Branding					
		Figma 강의 2	Launching					
		Figma 강의 3						
		Figma 강의 4						
	브랜드 아이덴티티 [매니		정말 중요한 브랜드 로:		보도자료 작성법			
	브랜드 차별화와 감성호		Brand Personality Exam					
	브랜드 레버리징 [매니		"당신의 모든것을 노린!					

있다. 셀의 색상이 다른 것은 수업의 포맷이 다름을 표현하고 있다. 시간 축에 수업과 활동 내용을 명기하고, 해당 내용과 관련된 자료를 링크해 두었다. 한 차시의 하단에는 해당 수업을 마친 후 수강생들이 수행해야 할 과제, 플립드 러닝으로 학습할 내용의 제목을 명기하고 링크를 걸어 두어, 수강생들이 한눈에 수업 내용과 수업 후에 수행할 과제를 맥락적으로 파악할 수 있게 했다.

구글 스프레드시트로 작성한 강의 계획서는 다음과 같은 이유 때문에 매우 편리했다. 1) 융합수업에 참여하는 교수자가 협업으로 강의 계획서를 작성할 수 있다. 2) 수업의 전체 윤곽과 세부적인 요소를 모두 표현할 수 있다. 3) 필요한 경우 셀을 선택하고 관련 자료로 링크를 걸 수 있어서 이 상세 강의 계획서는 교수자와 수강생 모두에게 수업의 준비부터 진행에 이르는 전 과정 동안 청사진의 역할을 했다. 4) 수업 진행 중 변화 내용을 손쉽게 반영할 수 있고 반영 즉시 그 내용을 수강생들이 파악할 수 있다. 교수자들은 강의 계획서 작성 중은 물론이거니와 수업을 운영하는 과정에서도 구글 스프레드시트에 있는 '댓글'이나 '메모' 기능을 활용해 논의를 지속하고 자료에 대한 세부적인 내용을 전달할 수 있었다.[36]

36
이상선, 서성은(2016)

주차별 상세 강의계획서에서 하늘색은 교수자 중심 수업, 보라색은 학생 중심 수업, 진회색은 발표, 흰색은 휴식 시간을 의미한다. 수업의 전반부는 교수자 중심의 수업 비중이 높고, 수업의 후반부로 갈수록 학습자 중심 비중이 높아지는 것을 볼 수 있다. 강의계획서 하단에 주차별로 수강생이 수행할 과제가 제시되어 있다. 과제의 내용 또한 전반부는 이론 학습이 많다가 후반부로 갈수록 프로젝트에 필요한 역할을 수행하도록 비중에 변화가 생긴다.

강의 자료의 검색과 선정

본 융합수업 상세 강의계획 수립단계에서 이 수업에서, 두 전공의 수강생에게 공통적으로 필요한 학습 내용의 목록을 도출한 바 있다. 교수자는 이 목록을 전하기에 적합한 동영상 강의를 직접 찍은 영상, K-MOOC의 영상, 유튜브의 영상으로 큐레이션 했다.

37
K-MOOC, 서비스디자인, 김진우 (연세대)

15강 강좌 전체를 관통하는 가장 중심이 되는 강의 영상은 K-MOOC의 '서비스 디자인' 강좌이다.[37] 이 강좌는 새로운 서비스를 만들고자 할 때 협동하는 사람들이 서비스 디자인 과정을 이해하게 하고, 비판적 사고와 디자인 사고를 촉진하도록 설계된 강좌. 이 강좌는 7주에 걸쳐 주당 3시간 정도의 학습 시간을 요구하는 강좌로 총 동영상 시간은 4시간 39분이다. 본 융합수업에서는 이 강좌 내용을 15주에 맞춰 재배치하고, 학습한 내용을 프로젝트 수행 중에 체화하기에 적합했다.

디자인전공 수강생은 이 강좌를 1학기에 이미 수강한 상태로, 2학기에는 복습을 하고, 경영전공 수강생의 질문에 답변하고, 프로젝트를 수행하면서 완전히 자신의 것으로 체화했다. 경영전공 수강생은 디자인전공 수강생과 소통하기 위해 이 강좌의 내용을 처음부터 끝까지 수강했다. 경영전공 수강생은 자신의 전공에서 사용하는 방법론 및 용어와 공통점과 차이점을 발견할 수 있었다.

경영전공의 강좌는 교수자의 직강과 다양한 유튜브 채널에서 큐레이션 하여 구성했다. 그 중 '쿠교수의 Youtube MBA'[38]와 매일경제 에브리데이 채널에서 제작한 '[매니지먼트101] 숙명여자대학교 서용구 교수' 시리즈[39] 중 일부를 활용하였다. 각각의 강좌는 소비자 이해 및 구매 행동을 이해하고 기업 내 다수의 브랜드를 운영하는 경우에 대한 기초개념을 전달하기 위해 설계된 개방형 콘텐츠이다. 해당 콘텐츠들은 융합수업 내 관련된 주차별 내용을 학습하기 전주에 시청 과제로 제공하였다. 경영 및 스포츠과학과 전공 수강생은 이 내용의 주요 개념을 1~3학년 수업을 통해 이미 학습한 바 있어 디자인전공 수강생의 질문에 답변하고, 프로젝트를 수행하면서 일부 내용을 시청하고 완전히 자신의 것으로 체화했다. 디자인전공 수강생은 경영전공 수강생과 소통하기 위해 해당 강좌의 내용을 처음부터 끝까지 시청했다. 디자인전공 수강생은 해당 과정을 통해 자신의 전공에서 사용한 방법론 및 용어의 공통점과 차이점을 발견할 수 있었다.

38
쿠교수의 유튜브 MBA
https://url.kr/k16s95

39
매니지먼트101 숙명여대
서용구교수
https://url.kr/vfqird

[그림5-3] K-MOOC 서비스 디자인 강좌 (교수자 김진우)

5-3
한 차시
수업의 운영

비대면 융합수업에서 매 차시의 수업은 전반부는 전체 학급 ZOOM에서 교수자의 강의를 중심으로, 후반부는 팀 단위 ZOOM에서 학생 활동 중심으로 진행했다. 대체적인 학생 활동의 주제는 방학 중에 설계하고, 상세한 설계는 학기를 진행하면서 정교하게 다듬어 갔다. 매 차시별로 수업을 마친 직후 교수자 ZOOM 회의를 따로 열어 교수자 간에 팀 활동 지도에 대한 회고 시간을 가졌다.

수업 전반부는 다시 도입, 플립드 러닝에 대한 복습, 과제 점검 결과 공유, 수업 활동에 대한 설명, 과제와 다음 수업에 대한 안내로 구성된다. 플립드 러닝에 대한 복습 강의는 핵심적인 내용에 대한 반복과 학생들의 질문에 대한 응답이 중심이 된다. 우수한 과제에 대해 구체적으로 잘한 점을 설명하면서 칭찬하는 시간을 가지는데, 이와 같은 과제 점검 결과 공유 과정이 학습자의 학업 동기를 촉진하는 데 큰 도움이 된다.

수업의 후반부에서 수강생은 팀 단위 ZOOM에서 교수자가 제시하는 다양한 수업 활동으로 진행했다. 교수자가 제시하는 팀 활동은 수강생이 지난주에 수행한 플립드 러닝과 관련된 활동으로, 수강생은 자신이 이론으로 배운 것을 활동에 실제 적용해 보면서 익힐 수 있도록 설계했다. 교수자는 활동 중심 수업을 위해 다양한 형식의 워크시트를 팀별 MIRO에 준비해서 제공했다. 수강생이 워크숍을 마치면 그 결과가 그대로 기록으로 남아 수업 활동 후 학습 내용이 휘발되는 것을 방지하고, 다음 수업과 자연스럽게 연결되도록 했다.

수업의 후반부에는 수강생이 팀 활동을 할 때 두 명의 교수자와 한 명의 기업체 전문가가 순서를 정해 7개의 팀에 순환 방문하여 지도했다. 수강생은 팀 활동을 시작할 때 교수자에게 질문하고 싶은 내용을 가장 먼저 논의하게 하여, 이를 메모로 남겨 두도록 했다. 교수자는 팀에 방문했을 때, 수강생의 질문에 가장 먼저 답변을 하고, 수강생의 논의 과정을 경청하고 지도했다. 팀별 팀장들은 팀 활동 내용 전체를 녹화하여 지정한 구글 드라이브에 업로드 한다.

수업을 종료한 직후 교수자 그룹은 팀 단위 지도에 대한 성찰 회의를 한다. 이 회의를 통해 각자 지도한 내용을 설명하여, 수강생이 여러 교수자의 지도 방향이 달라 혼선을 겪지 않도록 조율한다. 특히 활동이 부진하거나 진도가 늦은 팀을 파악하여 이 팀에 대해서는 더 주목하고 과제 점검과 차시의 팀별 지도 시간을 늘려 지도했다.

학습공간	단계	설명
개인공간	사전학습	▪ (있는 경우만) 차시 수업을 위한 플립드 러닝 수행 ▪ 이전 수업에서 제시된 개인 과제 수행
학급 전체 ZOOM	도입	▪ 전체 수업 중 현재의 위치를 파악 ▪ 오늘의 강의 진행 계획 설명
	복습과 과제 점검	▪ 플립드 러닝 방식으로 사전 학습한 내용에 대한 복습 ▪ 주요 내용의 요약, 수강생 질문에 대한 질의 및 응답 ▪ 우수 과제에 대한 칭찬을 통해 자기 주도 학습을 독려
	활동 방법 설명	▪ 수업 시간 중에 수강생이 수행해야 할 활동 설명 ▪ 활동에 필요한 워크시트 등을 온라인으로 제공
	과제와 다음 수업	▪ 과제 설명과 다음 수업 안내
팀별 그룹 ZOOM	수업 활동	▪ 교수자가 제시하는 가이드 또는 툴킷을 활용하여 팀 활동 ▪ 팀 활동 도입부에 교수자에게 할 질문 도출 ▪ 수강생이 팀 활동을 할 때 교수자가 팀별로 팀별 줌으로 순환 방문 ▪ 교수자는 수강생의 질문에 응답하고 활동 과정 경청 및 지도
	활동 마무리	▪ 활동 결과물이 온라인 워크시트에 남아 회의록 역할을 함 ▪ 활동 마무리는 차주까지 각자 수행할 자기주도 학습 계획 수립 ▪ 팀별 회의 과정을 동영상으로 기록하여 교수자에게 송부 ▪ 활동지로 수강생들이 프로젝트 진행의 상황을 파악 ▪ 교수자가 시차를 두고 원격지에서 지도
교수자 ZOOM	팀 단위 지도 회고 회의	▪ 2명의 교수자와 1명의 기업체 전문가는 7개의 팀을 순서대로 방문하면서 각자의 지도내용을 메모 ▪ 수업이 끝난 직후 교수자 간 팀별 지도 결과를 공유하여 팀별 지도의 방향에 혼선이 생기지 않도록 조율 ▪ 활동이나 진도가 부진한 팀을 파악 ▪ 부진한 팀의 팀 활동 동영상을 모니터링하여 차시 수업에 집중 지도
개인공간	사후학습	▪ 수업 팀 활동에서 정한 개인별 과제 수행 ▪ 차시 수업을 위한 플립드 러닝 (있는 경우만)

[표5-3] 한 차시 수업 운영의 흐름

제 6장
비대면에서
활동 중심
수업운영

내 목소리 들리나요? Do you hear me? 이는 코로나19로 비대면 수업과 회의가 일상화된 2020년의 유행어라는 우스개 소리가 있다. 우리는 내 목소리가 상대에게 들리는지 왜 이렇게 자주 질문했던 것일까?

우리는 재택근무와 재택수업을 하면서 이동에 드는 피로가 분명히 줄었음에도 다른 형태의 극심한 피로감에 시달렸다. 물리적으로는 장시간 같은 자세를 유지하느라 생긴 목, 어깨 등 신체적 피로, 눈의 피로, 불규칙한 근무 시간, 알코올 소비 증가, 덜 건강한 식단, 수면 부족, 침대 근무 등이다. 심리적인 문제는 가상 연결과 물리적 비연결에 따른 인지부조화, 비언어적 단서 부족에 따른 인지 에너지 소모, 네트워크 지연에 따른 불편, 자신의 모습이 지속적으로 모두에게 노출되는 데에 대한 사회적 압박 등이다. 맥락적으로는 일과 가정이 분리되지 않는 점, 신기술 대처 무능력에 대한 테크노스트레스, 네트워크 접속이 원활하지 않아서 발생하는 정보격차 등이다. 이러한 피로는 대면 환경에서는 경험하지 못한 새로운 피로의 양상이다.[40]

40
https://en.wikipedia.org/
wiki/Zoom_fatigue

갑작스럽게 맞닥뜨린 비대면 수업은 1) 교수사의 녹화영상을 LMS에 올리면 학습자가 시차를 두고 수강하는 일방향 방식과, 2) 교수자가 실시간으로 강의하고 학습자가 같은 시간에 수강하는 쌍방향 방식, 3) 일정 기간 동안 수행할 과제를 제시하는 방식으로 운영되었다. 실시간 쌍방향 원격 강의의 경우도 제각각으로 운영되었다. 1) 교수자와 학습자 모두가 카메라를 켜지 않는 경우, 2) 교수자만 카메라를 켜는 경우, 3) 교수자와 일부의 수강생만 카메라를 켜는 경우, 4) 교실의 전체 구성원이 카메라를 켜는 경우가 있었다. 이렇듯 비대면 원격수업이 중구난방으로 운영되는 동안 교수자는 학업의 손실에 대한 염려로 수강생에게 많은 과제를 주었고, 학습자는 '자기주도학습'을 강요 당했다. 진정 '자기주도학습'이었을까? 학습자는 홀로 방안에서 너무 긴 시간 동안 '자기고립학습'[41]을 강요받은 것일 수도 있다.

41
장대익(2020)

프로젝트 기반, 팀 기반 학습으로 운영되는 융합수업은 강의보다 학습자 간의 소통과 활동이 중요한 교육 활동이었다. 활동 중심 수업이 필수적인 이 수업을 비대면 교육 환경에서 어떻게 하면 원활하게 진행할 수 있을지 도전이었다. 본 융합수업 중 13주는 실시간 비대면으로, 2주는 대면 발표로 진행되었다. 본 장에서는 비대면 수업의 특징, 학습자의 환경에 대해 알아보고, 비대면 교육 환경에서 융합수업을 진행하면서 어떻게 활동 중심으로 수업을 운영했는지 경험과 사례를 공유한다.

왜
활동 중심
수업인가?

42
Learning Pyramid
https://en.wikipedia.org/
wiki/Learning_pyramid

활동 중심 수업이 일방향적인 강의형 교육보다 효과가 더 높다. 미국의 NTL(National Training Laboratories)이 출처로 되어 있는 학습 피라미드(learning pyramid)[42]는 교육 분야에서 광범위하게 받아들여지고 있는 학습효과 모델이다. 회상 비율 숫자에 대해서는 논란이 있으나, 읽고, 듣고, 보는 수동적인 학습방식보다, 토론하고, 연습하고, 가르치는 능동적인 학습방식이 더 잘 기억되고, 쉽게 인출될 수 있다는 점은 학문적인 검증이 아니더라도 개인적인 경험만으로도 쉽게 이해할 수 있다.

대면이든 비대면이든 융합수업은 프로젝트 기반으로 학습자가 주도적으로 자신의 전공지식을 활용하여 문제를 해결하는 방식으로 진행된다. 배워야 할 이론적인 내용은 읽고, 듣고, 보는 수동적인 방식으로 학습자 스스로 플립드 러닝으로 수행했다. 교실 수업에서는 워크샵에 참여하고, 토론하고, 대안을 제시하고, 시제품을 만들어내는 방식으로 운영되었다.

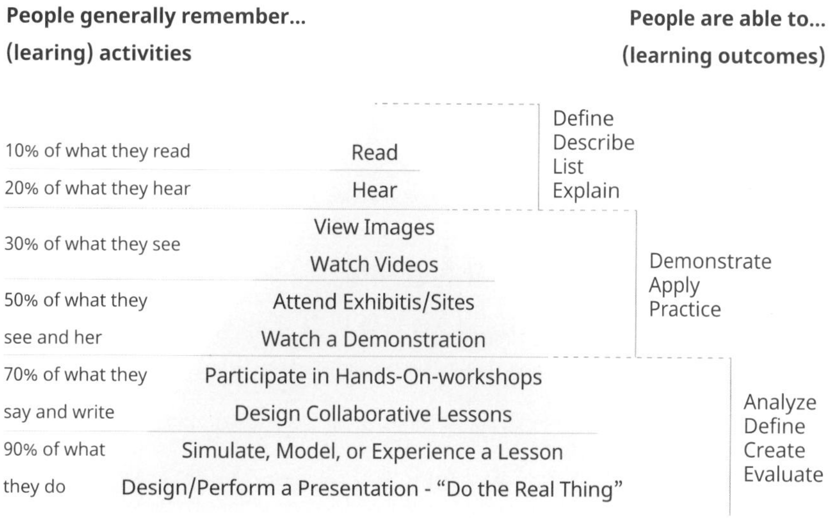

People generally remember...
(learing) activities

People are able to...
(learning outcomes)

10% of what they read	Read	Define Describe List Explain
20% of what they hear	Hear	
30% of what they see	View Images Watch Videos	Demonstrate Apply Practice
50% of what they see and her	Attend Exhibitis/Sites Watch a Demonstration	
70% of what they say and write	Participate in Hands-On-workshops Design Collaborative Lessons	Analyze Define Create Evaluate
90% of what they do	Simulate, Model, or Experience a Lesson Design/Perform a Presentation - "Do the Real Thing"	

[그림6-1] 학습 피라미드 Learning Pyramid

43
Bligh(1998)

44
Neil A. Bradbury(2016)

활동 중심 수업은 학생의 참여를 독려하고 높은 집중도를 유지할 수 있도록 돕는다. 일반적으로 수업 중 학생의 주의력 주기는 10~12분, 12~15분이라는 연구[43]부터, 8초, 10분, 그 이상이라는[44] 연구까지 다양하다. 확실한 점은 통상 대학에서 수업 시간의 단위로 삼는 50분보다 학생의 주의 집중시간이 훨씬 짧다는 점이다. [그림6-2]은 60분 단위 수업에서 학습자의 수행력이 변화하는 과정을 보이고 있다. 도입부의 수행력은 수업이 진행되는 동안 급격히 감소하다가 수업의 마무리 시점에 다소 회복되는 것을 볼 수 있다. 주변의 보는 시선이 없고, 비언어적 소통 채널이 차단된 비대면 환경에서 주의력의 하락은 훨씬 현저하다. 따라서 교수자는 수업 시간 중에 학습자의 주의를 환기시키고 집중을 유지할 수 있도록, [그림6-3]과 같이 적절한 휴지기를 두고 다양한 활동 중심으로 수업을 운영할 필요가 있다.

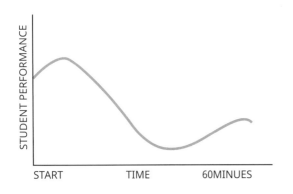

[그림6-2] 수업 중 학습커브 (Bligh 1998)

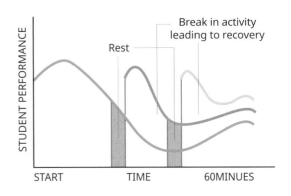

[그림6-3] 수업 중 휴지기를 둔 학습커브 (Bligh 1998)

6-2

비대면 수업을 위한 교육 환경 점검

비대면 수강환경 설문
https://url.kr/q2rady

학습자 환경 이해

2020년 1학기를 마칠 즈음 학생의 수강 환경에 대한 점검이 필요하다는 생각을 뒤늦게 하게 되었다. 저자와 비슷한 생각을 하는 서울소재 H대학 디자인과 교수와 함께 두 교수자가 지도한 수강생을 대상으로 비대면 학습 환경과 경험에 대한 설문을 실시했다. 이후에도 비대면 수업을 진행하는 4학기 동안 지속적으로 설문을 실시했고 이에 따른 시사점을 정리한다.

학습자가 원격 수업 시에 사용하는 단말기는 복수로 선택할 수 있게 했다. 90%가 훨씬 넘는 수강생이 노트북을 활용해 비대면 수업에 참여하고 있었다. [그림6-4]는 학습자의 학습 환경을 확인하기 위해 학습자의 환경을 사진으로 찍어 교수자에게 보내도록 하여 모은 사진 중 대표적인 사진 모음이다. 학습자의 응답과 학습자가 보낸 사진을 통해 분석한 학습자의 온라인 수강 환경은 다음과 같이 요약할 수 있다.

[그림6-4] 온라인 수업을 수강하는 학습자의 수강 환경 장면

- 90% 이상의 수강생이 노트북으로 수강
- 노트북의 화면은 대부분 15인치 내외
- 화면의 크기가 제한되어 있어 화면 전환이 잦은 교육 활동 애로
- 모니터를 지속적으로 쾌적하게 보기 위해 높이 조절 등 세팅 필요
- 노트북에 달린 카메라의 위치에 따라 학습자의 모습이 왜곡되어 보이는 문제
- 노트북의 성능이 충분하지 않은 경우 고사양의 PC 성능을 필요로 하는 프로그램을 활용하는 실습 애로

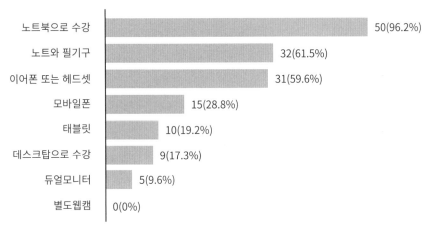

[그림6-5] 온라인 수업 수강 환경에 대한 수강생 응답 (응답 52명)

학습자가 원격 수업에서 겪고 있는 어려움에 대한 응답은 복수로 선택할 수 있게 했다. 학습자가 호소하는 가장 큰 어려움은 집중력 유지의 어려움에 대한 것으로 이후 3학기 동안 조사한 설문에서도 거의 유사한 결과가 나타났다. 이는 교수자가 적절한 휴지기와 활동 변화를 통해 학습자가 집중력을 유지할 수 있도록 수업을 운영해야 함을 시사한다.

　학습자의 학습환경에 대한 것으로는 1) 몰입할 수 있는 조용한 공간이 없음, 2) 개인 소유 PC의 성능, 3) 네트워크 환경에 대한 것이 있었다. 비대면 수업이 갑작스럽게 개시되면서, 학습자의 가정에 몰입할 수 있는 조용한 공간이나 가구가 갖춰지지 않아, 산만한 공간에서 수강하거나, 수업에 부적합한 자세로 수강하는 경우를 관찰할 수 있었다. 비대면 환경에서 활동 중심 수업을 하기 위해서는 ZOOM 외에도 다양한 온라인 수업 도구 활용이 필요했는데, PC의 성능이나 네트워크 환경이 충분하지 않아 원만히 진

행하는 데 어려움을 겪는 경우가 있었다. 대학도 개인도 비대면 교육 환경에 적응할 충분한 준비 기간 없이 맞닥뜨리게 되면서, 이와 같은 학습환경에 곤란을 겪는 학습자를 배려할 준비가 없었다는 점에 대한 반성과 대책이 필요하다.

학습자가 디지털 환경에 익숙하지 않아 어려움을 호소하는 응답은 디자인전공 만을 조사한 경우는 8% 내외인 반면 융합수업에서의 응답률은 20% 이상으로 나타났다. 디자인전공의 경우 학습을 위해 다양한 컴퓨터 프로그램을 많이 다루게 되어, 타 전공에 비해 각종 디지털 기기와 프로그램에 대한 친숙도가 높은 것으로 나타난다. 교수자는 학습자가 수업에 활용되는 프로그램과 디지털 기기 사용에 장애가 없도록 지원 교육을 할 필요가 있다.

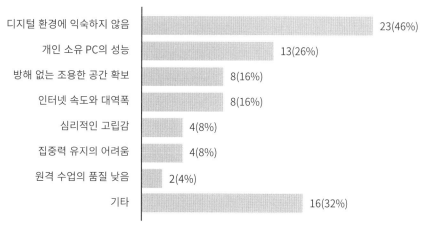

[그림6-6] 학습자가 온라인 수업에서 겪는 어려움 (응답 50명)

심리적인 고립감과 교우관계 형성의 어려움에 대한 호소도 4학기 동안 지속적으로 8~10% 내외의 응답률을 보였다. 코로나19의 대유행과 장기화는 사람들의 건강에 큰 피해를 입혔다는 연구가 많다.[45] 비대면 수업이 장기화 되면서 학생들은 장시간 실내에서 생활하며, 화면에 의존해 학습하는 동안 사회적 상호작용의 결여로 인한 심리적 고립감과 우울감을 호소하고 있다. 뿐만 아니라 학교는 학습자가 사회화 과정을 연습하는 공간인데, 비대면 학습환경에서는 사회화를 체험하기 어렵다. 따라서 교수자는 비대면 교육 환경에서 학습자가 학습 내용 뿐 아니라 정서적 교류와 사회화 과정을 연습할 수 있도록 장치를 마련하여야 한다. 팀 기반 학습이나 소그룹 활동을 통해,

45
CNBC, 2021. 10. 10일자,
Depression rates have
tripled during the pandemic.
https://url.kr/4fj7ew

학습자 간 지속적이고 친밀하게 소통하도록 수업을 설계하는 것이 비대면 수업에 대한 학습자의 심리적 고립감을 줄이는데 유효하다는 점을 수강생의 강의평가를 통해 확인할 수 있었다.

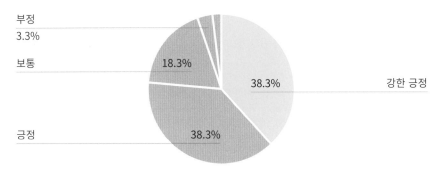

[그림6-7] 팀 활동을 통해 심리적인 고립감을 덜 느낄 수 있었다에 대한 학습자 응답 (응답 50명)

그 외에 학습자가 서술형으로 응답한 비대면 교육 환경에서 학습자가 느끼는 어려움으로 다음과 같은 내용이 있있으며, 4학기 동안 강의평가에 응답한 내용을 빈도 순으로 나열한다.

- 비언어적인 소통이 적어 집중도와 흥미가 쉽게 떨어짐
- 강의의 음질이 나쁠 경우 수강 피로도가 매우 높음
- 교수자의 시스템 장애, 네트워크 장애로 인한 끊김이 없는 것이 수업의 품질을 크게 좌우
- 일상 공간과 교육 공간이 분리되지 않아 수업 몰입에 어려움
- 출력한 실물 확인 기회가 감소하여 과제 진행에 어려움 (디자인전공)
- 카메라를 켜고 나의 모습을 보는 것이 피로함
- 카메라를 끈 경우 딴짓을 많이 하게 됨
- 나의 모습이 영구히 디지털로 기록되는 것이 꺼려짐

교수자 환경 점검

학습자가 비대면 교육에서 느끼는 어려움에 대한 응답에 따르면, 교수자의 음질과 원활한 환경이 수업의 품질을 크게 좌우하는 것으로 나타난다. 교수자는 원격 교육 환경에서 고품질의 화질과 음질이 되도록, 또한 끊김없이 수업이 진행되도록 시스템과 네트워크 환경을 반드시 살펴야 한다.

2020년 3월, 갑작스럽게 비대면 개강 결정으로 급히 비대면 수업을 하기 위해 환경을 구축해야 했다. 비대면 수업 환경을 구축하면서 겪었던 시행 착오 및 개선과정은 다음과 같다.

1. 카메라가 내장된 노트북으로 수업을 진행하고자 했으나 두 가지 문제가 있었다. 첫째, 노트북 화면이 작아서 내가 강의자료와 학습자를 동시에 보면서 진행하는데 문제가 있었다. 둘째, 카메라의 위치가 디스플레이와 본체의 사이에 내장되어 있어 교수자의 모습을 아래에서 위로 올려 찍은 앵글이기 때문에 학습자 입장에서 보기에 바람직하지 않았다.[46]

2. 웹캠을 설치했다. 마이크가 내장된 웹캠을 구매하여 데스크탑 PC와 연결된 모니터의 상단에 설치했다. 테스트 결과, 강사의 책꽂이가 배경이 복잡하고 화면의 수평과 책꽂이의 수평이 맞지 않았다. 그리고 카메라와 교수자의 거리가 멀어 강사가 너무 작게 보이는 문제가 있었다. 화면과 교수자 배경 책꽂이의 수평을 맞추고, 카메라와 교수자의 거리가 적당해지도록 거리를 조정했다.

3. 헤드셋을 사용해 보았다. 웹캠에 내장된 마이크로 녹화한 영상을 모니터링 해보니 음질이 흡족하지 않았다. 음질의 개선을 위해 마이크 기능이 내장된 헤드셋을 사용했다. 녹화 영상 모니터링 결과 음질은 만족스러웠다. 그러나 헤드셋을 쓴 채로 4시간 수업을 한 결과 두통이 발생했다.

4. 핀 마이크의 만족도가 높았다. 옷깃에 가볍게 꽂을 수 있고, 스테레오 녹음 기능을 가진 고감도 핀 마이크로 수업을 진행한 결과, 피로도 낮았고 음질도 만족스러웠다. 단, 핀 마이크는 단선이 자주 발생해서 여분을 상시 준비할 필요가 있었다.

5. 데스크탑 사양을 높여야 했다. 실제 30명 내외의 수강생과 실시간 비대면 수업을 진행하다가 시스템이 다운되는 경우가 자주 발생했다. 또한 수강생은 30명 남짓인데 그래픽 카드의 한계로 한 화면에 25명의 수강생만 보였다. 이러한 문제를 개선하기 위해 데스크탑 사양을 높여야 했다.

6. 듀얼모니터는 필수적이었다. 비대면 교육 환경에서 학습자의 상태를 살피고 상호작용 하기 위해서, 한 화면에는 수강생 전체의 모습이 나타나도록 하고, 한 화면에는 강의자료와 채팅창을 띄우고 수업을 진행했다.

46
노트북 모델에 따라 카메라의 위치가 디스플레이의 상단에 배치된 경우는 카메라와 사용자 얼굴의 높이가 유사하여 ZOOM 화면에 나타나는 사용자의 모습에 큰 왜곡이 없다. 그러나 카메라가 디스플레이와 본체 사이에 내장된 모델의 경우는 카메라의 위치가 사용자 위치보다 낮아서 책상 위에 놓고 수업을 진행할 때 사용자의 모습이 크게 왜곡되고, 수업에 참석하는 다른 사용자와 눈을 전혀 맞추지 않고 있는 것과 같이 보였다.

7. 조명을 설치해 강사 모습의 밝기를 높였다. 다른 교수자의 강의영상을 보면서 교수자의 모습이 밝은 경우 학습자 입장에서 집중이 더 잘되고 피로도가 낮게 느껴졌다. 링 라이트를 설치해서 강의 모습을 충분한 정도의 조도에서 보이게 했다.

[그림6-8] 비대면 수업에서 교수자가 사용한 장비

[그림6-9] 듀얼 모니터의 한 화면은 수강생 전체, 다른 화면은 강의자료와 채팅창을 띄우고 수업 진행

2020년 3월 실시간 비대면 수업을 시행해 보니 교수자가 수업 도구에 익숙하지 않거나, 교수자 PC의 성능, 인터넷 끊김 등의 문제가 발생했다. 이에 실시간 비대면 수업을 위한 교수자의 연습이 절대적으로 필요하다는 생각이 들었고, 유사한 문제 인식을 가진 교수자를 소셜 미디어에서 모아서 원활한 비대면 수업 운영과 학생체험 및 교수자 환경을 점검하기 위한 워크샵[47]을 열게 되었다.

이 그룹의 교수자는 주로 건축, 디자인, 문예 창작 관련 교수자였고, 학생의 입장을 알아보기 위해 학생도 한 명 포함하여 간혹 학생에게 문의를 직접 할 수 있었다. 수업과 비슷한 상황 연출을 위해 그룹을 25명으로 구성하여, 수업에서 일어날 수 있는 여러 가지 활동을 시뮬레이션 하고 연습했다. 학기 중에는 각자가 사용하는 툴을 소개하거나, 비대면 수업을 운영하는 중 어려움을 토로하고 방법을 함께 찾으며 노하우를 공유하는 등 교수자 간의 사랑방 역할을 했다. 학기가 종료된 후에는 수업 후에 효과가 높았던 도구나 교수법을 나누는 등 세미나 기회를 가졌다. 이 느슨한 연대의 교수자 모임은 1) 교수자가 직접 학습자 입장이 되어보고, 2) 익숙하지 않은 도구에 대해 부끄러움 없이 서로 문의하고, 3) 문제점을 사전에 발견하고, 4) 시행착오를 수업 전에 겪어보고, 5) 비대면 교수법의 노하우를 서로 교환하고, 6) 서로의 곤란을 하소연할 수 있는 교수자 커뮤니티 효과가 있었다. 특히 이 중에서도 교수자가 학습자의 입장이 되어보는 경험은 수업을 운영할 때 매우 값진 경험이었다.

47
매거진한경, 2021. 3. 18, 우리 교수님이 달라졌어요.

48
일러스트레이션 윤세영 작가 https://www.instagram.com/seroro1/

[그림6-10] '불금의 ZOOM 연습'으로 명명한 교수자의 비대면 수업 연습 모임[48]

비대면
교육의 이해[49]

49
Garrison(2003)

게리슨 Garrison(2003)은 고등교육에서 비판적 사고를 지원하는 컴퓨터 기반회의 Computer-Mediated Communication의 효율성에 대한 다각적인 연구를 위한 개념적인 프레임워크를 제안한다. 게리슨은 고차원의 학습 성과를 얻기 위한 교육 경험이 학생과 교사로 구성된 탐구 커뮤니티에 가장 잘 내재되어 있다고 주장한다. 이 연구의 원격 교육 맥락은 독립적인 학습이 아니라, 학습자 커뮤니티 내에서 협력적이고 구성주의적인 학습의 맥락이다. 이는 개별 학습자의 독립성을 극대화하는 기존의 원격교육의 모델과 이론에서 크게 벗어난 것이다.

게리슨은 비대면 교육이 텍스트 기반, 비동기식 상호작용, 비언어적 소통의 결여가 있음을 지적하고, 비대면 교육 환경에서 교육을 위해 탐구 공동체 Community of Inquiry의 프레임워크를 제안한다. 이 프레임워크는 1) 사회적 실재감, 2) 인지적 실재감, 3) 교육 실재감 요소로 구성된다. 본 절에서는 비대면 교육 환경에서 어떻게 사회적, 인지적, 교육 실재감을 높여 수업을 개신했는지 예시와 함께 살펴본다.

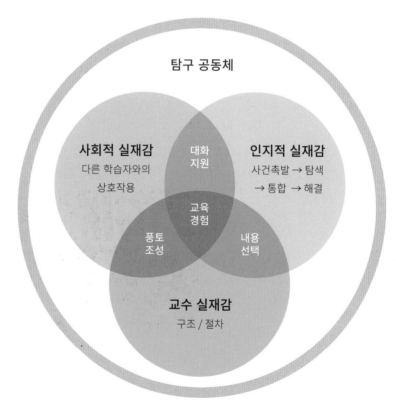

50
Elements of an educational experience. Reprinted from The Internet and Higher Education
2 (2–3), 1–19 Garrison, D. R., Anderson, T., & Archer, W., Critical inquiry in a text-based environment: Computer conferencing in higher education, 2000.

[그림6-11] 게리슨의 탐구 커뮤니티의 교육적 경험의 요소[50]

사회적 실재감

모델 내에서 사회적 실재감은 학습자가 사회적, 정서적으로 자신을 투영하여 탐구 공동체에서 자신을 '진짜' 사람으로 표현하는 능력으로 정의한다. 저자는 비대면 교육 환경에서 교육에 참여하는 구성원이 '진짜' 존재하는 것으로 느끼도록 하기 위해 아래와 같은 방법을 활용했다.

비대면 수업 에티켓 Camera On / Mute / Chatting

비대면 수업 중에 사회적 실재감을 강화하는 데 교수자와 학습자 모두가 카메라를 켜는 것이 중요하다고 판단했다. 비대면 수업에서 카메라를 켜지 않은 대상을 상대로 강의나 대화를 하는 것은 실재감을 느끼게 하는 데 큰 장애가 되었다. 교수자들은 카메라를 켜지 않고 수강하는 학생을 대상으로 수업을 하는 것이 마치 벽을 보고 강의를 하는 것과 같은 경험이라 호소한다.

본 융합수업은 사회적 실재감 강화를 위해 비대면 수업이라는 제한된 조건에서, 같은 시간대에 교육에 참여하는 모든 구성원이 카메라를 켜고 수업에 임하는 것을 원칙으로 했다. 학기 초에 아래와 같이 비대면 수업 에티켓을 공지하여, 학습자가 공간상 떨어져 있으나 시간과 경험을 공유하도록 진행했다.

비대면 수업 참여 에티켓 공지

코로나로 인해 어쩔 수 없이 비대면으로 수업을 운영하지만,
공간만 떨어져 있을 뿐 나머지는 모두 대면 수업과 같은 태도로 참여하기로 해요.

- 카메라는 반드시 On
- 조명을 밝게 하여 자신의 모습이 잘 보이도록
- 안정적인 WiFi 네트워크 환경 / 성능 좋은 컴퓨터
- 조용한 공간 + 컴퓨터는 책상 위에 (카페나 이동 중 참여시 출석 불인정)
- 수업 입장 시 MUTE 모드
- 교수자와 학생의 화면 캡쳐 하지 않음
- 적극적인 제스처로 수업 참여: 끄덕임, 손들기, 손가락 하트 등
- 질의응답은 채팅 활용
- 교실수업과 같은 복장과 태도 (모자, 후드, 마스크 착용X)
- 반드시 실명 로그인으로 수업 참여

팀 기반 학습 Team Based Learning을 넘어 친구로

PBL 팀 기반 학습 과정 중 일어나는 다양한 상호작용은 자연스럽게 학습자 간 관계를 형성한다. 학생상담을 통해 비대면 교육이 장기화 되면서 교우관계 형성에 어려움을 겪고 있다는 것을 알게 되었다. 팀원 간에 프로젝트 수행에 따른 사회적인 관계 형성을 넘어, 수업 활동을 통해 학습자 간의 교우관계도 형성되기를 바랐다. 학기 초에 수강생이 제출한 자기소개서의 응답 내용 중 공개가 가능한 정보(즉 연락처, 장래 희망, 장점, 자랑) 등을 상호 열람하고 응답하게 하여 상호 간에 이해를 토대로 자연스럽게 학습 커뮤니티와 교우관계를 형성할 수 있도록 장치를 마련했다. 또한 팀원이 수시로 바뀌는 것이 아니라 한 학기 동안 지속적으로 하나의 팀에 소속되어 있는 것이 심리적인 고립감을 낮추고 교우관계를 형성하는 데 긍정적으로 작용했다.

최대치의 커뮤니케이션 채널 활용

온라인 화이드보드, 채딩, ZOOM의 주석기능, 낙서 기능, 세스처 등 커뮤니케이션 채널을 전체 수업 시간 동안 열어 놓고 활발하게 운영했다. 대면 수업에서 농담 나누기, 대답하기, 손들기, 끄덕임, 웃기 등을 모두 채팅창으로 할 수 있다. 교수자가 강의를 진행할 때에도 학습자는 채팅 창에 질문, 대답, 농담, 이모티콘으로 쉴새 없이 리액션 하면서 수업에 참여했다. 대화의 내용이 학습과 직접적으로 연관된 것이 아니더라도 교수자는 학습자의 참여를 적극적으로 독려하여 실재감 높은 수업 분위기가 조성되도록 독려했다. 교수자는 왼쪽 화면으로는 학습자의 표정과 몸짓으로 수강태도를 살피고, 오른쪽 화면으로는 강의자료와 채팅창을 보면서 수업을 진행했다.

잦은 호명

수업 시간 중에 교수자가 학습자를 자주 호명하는 것은 사회적인 실재감을 강화하는 데 크게 도움이 된다. 호명은 교수자-학습자 사이의 정서적 유대를 형성하고, 호명 받은 학생의 수업 참여를 독려한다. 비대면 수업 환경에서는 모니터에 학습자의 이름이 나타나도록 세팅할 수 있기 때문에 교수자가 학습자의 수강 모습을 모니터링할 수 있도록 교육 환경을 세팅하고, 학습자가 자신의 실명이 나타나도록 세팅을 공지한 후, 잦은 호명으로 주의를 환기시키고 수업참여를 독려하는 것이 바람직하다.

인지적 실재감

51
Garrison(2003)

인지적 실재감은 "학습자가 중요한 탐구 공동체에서 지속적인 성찰과 담론을 통해 의미를 구성하고 확인할 수 있는 정도"로 정의한다.[51] 인지적 존재의 개념은 비판적 사고 문헌에 기초하고 있으며, 더 구체적으로 듀이(1933)의 연구에서 상당 부분 도출된 실용적인 탐구 모델에 의해 운영된다. 이 모델은 이상화되고 결과적으로 순차적이거나 불변하지 않는 네 가지 단계의 비판적 질문으로 구성된다. 네 가지 단계는 사건촉발, 탐색, 통합 및 해결이다.

본 융합수업은 학습자가 탐구 공동체 안에서 프로젝트 기반으로 지속적으로 과제에 대해 문제를 찾아내고, 탐색, 정의, 통합, 해결해 갈 수 있도록 디자인 씽킹에 기반하여 설계되었다. 즉, 1) 학습자에게 좋은 질문을 제공(촉발)하고, 2) 학습자가 질문에 대한 답을 함께 탐색할 수 있는 시간(탐색)을 갖고, 3) 새롭게 알게 된 내용을 기존에 알았던 내용과 통합하도록 성찰의 기회(통합)를 주고, 4) 최종적으로 문제를 풀거나 답할 수 있도록 돕는 (해결) 과정으로 설계되었다. 본 수업은 교수자가 일방적으로 '가르치는' 방식이 아니라 학습자들이 탐구 공동체 안에서 다양한 방식으로 경험하게 함으로써 자신이 아는 것과 모르는 것을 메타인지 하게 하고, 아는 것을 공동체의 다른 구성원에게 설명함으로써 학습 내용을 자신의 것으로 체화하는 과정에서 정말 뭔가를 배우고 있다고 느낄 수 있도록 운영되었다.

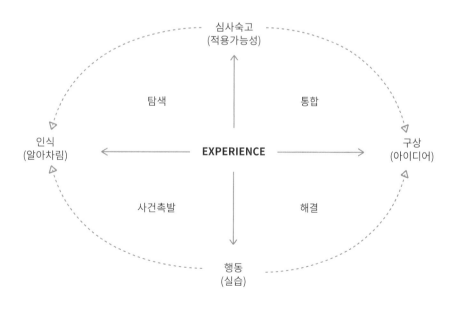

52
Practical inquiry. Reprinted from The Internet and Higher Education 2 (2–3), 1–19
Garrison, D. R., Anderson, T., & Archer, W., Critical inquiry in a text-based environment: Computer conferencing in higher education, 2000, with permission from Elsevier Science.

[그림6-12] 실습 탐구[52]

53
Garrison(2003)

교수 실재감

교수 실재감은 "개인적으로 의미 있고 교육적으로 가치 있는 학습 성과를 실현하기 위한 인지 및 사회적 과정의 설계, 촉진 및 방향"으로 정의된다.[53] 교수 실재감은 교수자와 학습자 간의 상호작용 속에 드러나며 교수설계, 퍼실리테이션, 직접적 강의로 구성된다. 교육 내용이 잘 전달되도록, 교수자가 옆에 있는 것과 같이 느껴지도록 본 수업에서 교수 실재감을 높이기 위해 활용한 방법은 다음과 같다.

정교한 수업 설계

15주간의 전체 수업 중, 한 차시의 수업에서 다룰 내용을 선정하고, 한 차시 수업을 10분~30분 단위로 나누어 구조적으로 설계했다. 강의 내용은 20~30분 단위로 학습 목표에 따라 반드시 알아야 할 핵심 내용만 담고, 심화 학습은 플립드 러닝, 수업 활동, 동료학습을 통해 학습자가 스스로 학습하도록 설계했다. 80~90분간 진행되는 수업 활동에서도 단위 활동에서 수행해야 할 세부적인 내용을 10~30분 단위로 나누어 학습자가 학습 활동에 집중할 수 있도록 설계했다. 또한 적절한 휴식 시간을 두어 학습자가 피로를 해소하고 활동에 집중할 수 있도록 배려했다. 수업 활동 중에는 반드시 학습자가 집중해서 혼자서 생각하고 내용을 탐구할 수 있도록 개인 작업 시간을 두었다. 각자 자신의 생각을 포스트잇에 적은 후 동료와 토론하는 방식이 대표적인 예이다.

팀 활동 모니터링을 통한 시차 교육

팀 단위로 별도의 ZOOM에서 팀 활동을 할 때 복수의 교수자가 팀별 ZOOM방에 방문하여, 학습자의 활동 내용을 감독, 지도 한다. 교수자의 숫자보다 팀의 숫자가 많기 때문에 학습자는 교수자가 없는 환경에서 팀 활동을 하게 되는 경우도 많다. 학습자는 팀 활동 전체를 녹화하고 수업이 끝난 직후 이를 지정한 폴더에 제출하도록 했다. 교수자는 수업 중에 지도하지 못한 팀, 부진한 팀에 대해 녹화 영상을 모니터링하여 지도 내용과 방향을 수립하고, 학습자의 과제물 또는 차시 수업에 개입하여 지도했다. 이러한 방식의 시차 교육은 학습자가 교수자의 실재를 체감하면서 학습에 참여할 수 있도록 돕는다.

과제 점검을 통한 시차 교육

비대면 교육에서 교수자가 학습자의 과제를 충실하게 점검하는 것은 교수 실재감을 강화하고 수업의 품질을 높이는데 매우 중요하다. 본 융합수업에서 교수자는 수업 카페와 구글 드라이브에 학습자가 제출하는 과제에 대해 답글, 댓글 등의 방법으로 충실하게 과제 점검을 했다. 교수자는 학습자의 과제를 점검하면서, 학습자의 학업성취도, 성실함을 판단할 수 있다. 또한 교수자는 과제점검을 통해 학습자에게 관심을 표시하고, 지도의 방향을 제시하며, 질의에 대해 응답한다.

과제 점검 중 우수한 과제에 대해서는 교수자가 칭찬과 함께 게시물의 색상을 돋보임 처리하는 방법으로, 다른 학습자의 열람을 유도했다. 과제에 대해 칭찬을 받은 학습자는 지속적으로 과제를 열심히 수행하는 태도를 보였으며, 다른 학습자는 우수한 과제물을 열람하면서 반복 학습의 효과와 함께 과제의 상향평준화 효과를 도모할 수 있었다. 교수자의 이러한 비동기적 피드백을 통해 비대면 교육 환경에서도 학습자가 교수자의 존재를 인식할 수 있다. 또한 교수자의 지속적인 과제 점검 노력이 프로젝트 진행의 동력이 되는 측면이 있다.

[그림6-13]교수자가 수업카페에 제출한 과제 중 우수 과제 제목의 색상을 변경한 모습

6-4

온라인 교육 공간과 비대면 수업 도구

본 융합수업의 특징 중 하나는 극단적인 협업이다. 하나의 물리적인 공간에서 충분한 시간 동안 협업을 하는 것이 가장 바람직하겠지만, 수업 시간 동안 프로젝트 수행을 위한 충분한 협업은 현실적으로 불가능하다. 따라서 시간과 장소의 한계를 극복하기 위해 다음의 그림과 같은 온라인 교육 공간을 마련했다. 이 가상 교육 공간을 통해서 학습자들은 프로젝트 진행 상황을 체계적으로 기록하고, 팀원과 원활하게 협업 할 수 있고, 최신 기술의 활용을 생활화 할 수 있으며, 수업이 종료된 후에는 손쉽게 포트폴리오로 전환할 수 있었다. 또한 학습자의 성향에 따라 말하기 활동에서는 소극적이지만 글로 표현할 때 장점이 있는 학습자를 적극적으로 협업에 참여시키는 효과가 있다. 뿐만 아니라 교수자는 수강생의 교육 활동을 실시간으로 파악하면서, 온라인과 오프라인을 통해 다양한 방식으로 피드백할 수 있었다.[54]

그림에서 크게 보이는 아이콘은 수업에서의 활용도가 높았던 것을 표현하고 있다. 대면 수업과 달리 비대면 교육 환경에서는 원격 회의 도구인 ZOOM[55]과 온라인 협업을 위한 화이트보드 플랫폼인 MIRO[56]의 활용도가 높았다. 본 절에서는 수업에서 사용한 도구 외에도 비대면 교육을 운영하는 데 큰 도움이 된 도구와 사이트를 소개한다.

54
이상선, 김수찬, 서성은(2017)

55
https://zoom.us/

56
https://miro.com/

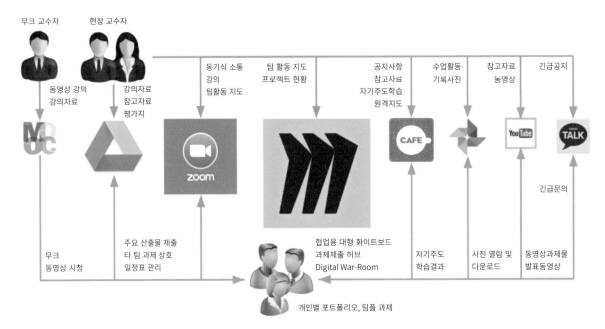

[그림6-14] 협업, 소통, 기록을 위한 온라인 교육 공간과 수업 도구

구분	용도
온라인 강좌	본 수업의 학습 목표 달성을 위해 필요한 강의 자료는 K-MOOC를 비롯하여 다양한 출처에 있는 온라인 강좌를 교수자가 제시하는 일정에 따라 듣고, 요약하고, 질문하는 과제를 수행했다.
수업용 클라우드	교수자는 수업의 준비 과정, 강의 자료, 참고 자료, 평가 자료를 구글 드라이브 상에서 교수자 간에 약속한 파일명으로 관리했다. 문서마다 보기와 쓰기 권한을 조정하여 수업 운영에 활용했다. 수강생은 산출물을 교수자가 지정한 폴더에, 지정한 파일명으로 작성해서 제출했다. 교수자는 과제물 파일마다 보기, 댓글, 쓰기 권한을 조정하여, 수강생 간 협업, 열람, 평가 활동을 관리했다.
원격회의	본 대학에서는 원격회의 도구로 ZOOM을 사용하는 것으로 결정하여, 비대면 수업에서는 ZOOM을 활용했다. 수업 운영 시에 줌의 기능 중 배경 변경 기능을 활용하여 팀 단위로 배경을 달리하여 팀 내부에서는 소속감을, 외부에서는 구별을 용이하게 했다. 수업 중 채팅장을 통한 소통이 매우 활발했다. 채팅은 학습자가 말하고 싶은 것을 쉽게 말할 수 있는 주요한 수단이었다. 그 외에도 주석달기, 낙서하기, 이모티콘 피드백 등의 기능을 자주 사용했다.
협업용 화이트보드 MIRO	미로는 온라인 협업을 위한 화이트보드 플랫폼이다. 이 프로그램은 비대면 교실에서 하나의 거대한 화이트보드의 역할을 했다. 거의 모든 활동 중심 수업은 미로를 활용해 진행되었다. 미로에 대한 설명은 별도의 항에서 다룬다.
수업용 온라인 카페	수업과 관련된 공지, 수강생의 과제 제출, 중요한 프로세스 관리를 위한 비공개 수업 카페를 운영했다. 카페의 주요 메뉴로는 공지, 팀별 메뉴, 학과별 메뉴 등이 있었다.
온라인 사진 서비스	수업 중 수시로 사진을 찍어 주차별로 앨범을 만들어 구글 포토스에 보관하고 공유했다. 수업 사진은 그 자체로 기록적 가치가 있고, 교수자는 수업을 성찰하는 데, 수강생은 추억을 회상하거나 블로깅 등을 하는 데 활용할 수 있다.
온라인 동영상 서비스	수강생이 과제로 만든 동영상 및 발표 활동 자료는 유튜브에 보관하고 공유했다. 예전 수강생의 동영상 자료도 모두 보관되어 있어, 수강생들은 발표에 앞서 선배의 자료를 열람하면서 자신들의 발표를 준비할 수 있었다.
수업용 메신저	수업 운영과 관련된 긴급한 소통을 위해 카카오톡을 활용했다. 교수자, 교수자와 팀장, 교수자와 전공별 학생, 교수자와 전체 수강생, 팀별 단체 대화방 등, 본 수업과 관련된 다양한 단체 대화방이 운영되었다. 교수자는 메신저로 인한 공해를 막기 위해 아주 시급한 사안에 대한 공지를 할 때만 카카오톡을 활용했다. 또한 수업용 메신저에서는 특별한 요청이 있는 경우가 아니면 읽은 후 응답하지 않도록 했다.

[표6-1] 협업, 소통, 기록을 위한 온라인 교육 공간과 수업 도구

수업 카페: 온라인 게시판 및 아카이브

학제간 융합수업을 시작한 2012년에는 LMS가 현재처럼 잘 마련되지 않았다. 학과 간의 소통, 팀별 소통을 돕기 위해 2012년부터 융합수업을 위한 온라인 수업카페를 운영했는데, 이 카페의 역할이 현재의 LMS와 같았다. 2021년에는 LMS의 기능이 좋아졌지만, 본 수업이 두 개 전공의 두 개 수업이 연합된 형태로서, LMS를 활용해 수업을 운영할 경우 타 전공의 수강생

은 열람할 수 없다는 한계, 본 수업에 참여하는 산학기업의 외부 전문가는 접근 권한이 없다는 한계 때문에 수업용 카페를 운영했다. 카페의 대문에는 수업과 관련된 주요 링크가 있어 수강생 입장에서 카페의 대문이 본 수업을 위한 일종의 포탈의 역할과 같았다. 수업 카페의 주요 메뉴로는 공지, 팀별 메뉴, 학과별 메뉴 등이 있었다.

이 수업용 비공개 카페는 2012년부터 사용했다. 게시판 메뉴의 하단에는 2012년부터 참여한 학과별 메뉴, 팀별 프로젝트 메뉴가 순서대로 정리되어 있다. 학습자는 2012년부터 축적된 선배들의 기록을 검색하고 열람할 수 있다. 카페에 축적된 내용이 학습자에게 학습자료로서의 가치를 가질 수 있다. 2012년부터 2021년까지 8학기 동안 학제간 융합수업을 했으며, 한경대 학제간 융합수업 수강생은 약 400명에 달한다. 그동안 이 카페에 있는 콘텐츠가 본 대학의 융합수업 아카이브이기도 하다.

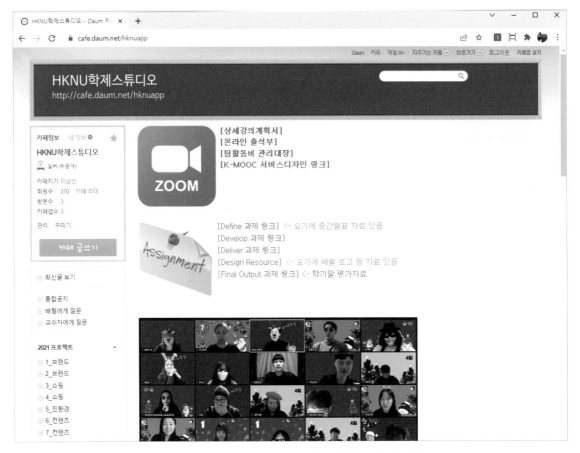

[그림6-15] 수업과 관련된 공지, 수강생 과제 제출, 중요 프로세스의 관리를 위한 비공개 수업 카페

미로 MIRO: 온라인 협업을 위한 화이트보드 플랫폼

미로 MIRO는 온라인 기반의 협업 플랫폼이다. 여러 명의 사용자가 가상의 디지털 화이트보드에 모여 브레인스토밍, 기획, 디자인 등 다양한 협업 기능을 제공한다. 저자의 대면 수업에서는 대형 화이트보드에 아이디어를 적거나, 포스트잇을 활용하거나, 과제물을 출력하여 붙여 놓고 토론하는 팀 활동이 많다. MIRO는 이와 같은 활동을 비대면 환경에서 할 수 있는 최적의 기능을 갖고 있었다. 저자가 검토한 가상 화이트보드 프로그램 중에서 MIRO가 가장 현실과 유사한 사용자 경험을 제공한다. 비대면 수업에서 MIRO를 사용하면서 경험한 유용한 교수 경험은 다음과 같다.

구분	수업 활용 경험
직관적 디자인	직관적이고 뛰어난 사용자 경험 디자인으로, 컴퓨터에 익숙하지 않은 학습자도 저항 없이 매우 쉽게 프로그램을 사용할 수 있었다.
다양한 템플릿	브레인스토밍, 기획, 아이디어, 디자인, 회의 등 다양한 협업 환경에 필요한 템플릿이 마련되어 있어, 사용자가 자신이 당면한 과업에 적당한 것을 골라서 쉽게 협업할 수 있다. 저자의 경우 대면 수업에서 하던 워크샵 활동을 미로의 템플릿으로 설계하여 수업 운영에 활용했다.
무한한 화이트보드의 크기	미로 보드는 사실상 무한한 크기를 제공한다. 마치 큰 벽면 앞에서 활동을 하는 것과 같은 느낌을 가지게 한다. 마우스 휠을 사용하여 보드를 가깝게 또는 멀게 볼 수 있는데, 이 체험이 매우 자연스럽게 구현되어 있다. 어떤 과업에 집중할 때는 가깝게 보고, 다른 팀원의 의견을 보거나 전체의 상황을 볼 때는 멀게 보면서, 부분과 전체의 열람 전환을 자연스럽게 할 수 있다.
디지털 워룸	교수자는 차시별로 수업 활용용 워크시트를 학습자에게 제공하고, 학습자는 워크시트에 주어진 활동을 수행하면, 그 기록이 남게 된다. 몇 주의 활동을 모아서 보면, 프로젝트 진행의 흐름, 관련자료, 자료의 맥락적 관계를 한 보드에서 파악할 수 있어, 이 보드가 현실에서의 프로젝트 워룸(war room), 즉, 작전 상황실 역할을 할 수 있다.
호환성	이미지와 텍스트는 물론이거니와 본 융합수업에서 사용하는 다양한 양식의 구글 문서, 유튜브 등의 자료를 업로드, 링크 공유 등을 하는데 호환성이 높다.
내보내기	수업 활동의 결과를 다양한 크기의 래스터 이미지, 크기 변경 가능한 벡터 이미지, CSV 포맷으로 내보낼 수 있다.
온라인 갤러리	본 융합수업의 산출물은 보고서, 영상, 이미지, 소셜 컨텐츠 등 다양한 포맷으로 생산된다. 다양한 형식의 산출물을 미로의 가상 보드에 팀별로 정리하여, 실제 화이트큐브 공간에서 전시하는 것과 유사한 메타포를 활용해 온라인 갤러리로 전시할 수 있다. 이 온라인 갤러리에 방문객의 피드백을 남길 수 있는 기능을 두면, 전시자와 관람자가 상호작용할 수 있다.

[표6-2] 협업, 소통, 기록을 위한 온라인 교육 공간과 수업 도구

MIRO를 사용하면서 겪었던 어려움은 다음과 같다.

- 학기마다 수강생에게 사용 권한을 부여하는 과정이 매우 번거롭다. 교육자 계정은 100명의 사용자를 수용할 수 있기 때문에, 매 학기마다 지난 학기 수강생은 사용 권한을 해제하고 새로운 수강생에게 사용 권한을 부여해야 한다.

- 이미지의 갯수가 많거나, 대용량의 이미지를 올릴 경우 보드 로딩에 긴 시간이 걸리거나, 시스템을 멈추게 한다. 따라서 수업 활동을 설계할 때 하나의 보드에 너무 많은 이미지가 올라가지 않도록, 과정 별로 별도의 보드를 나누어 관리해야 한다. 사용 초기에는 학급 구성원 전체의 활동을 하나의 보드에서 진행하도록 했다. 그 결과 보드 로딩에 긴 시간이 걸리는 경우가 많아졌다. 문제점을 발견한 후에는 팀 단위, 프로젝트 단위로 보드를 나누어 관리했다.

- ZOOM과 MIRO를 동시에 사용하는 경우 시스템의 성능이 충분하지 않으면 시스템에 부하가 걸려 시스템이 느려지거나 멈춘다.

- MIRO에는 디렉토리의 개념이 없다. MIRO를 활용해서 수업하는 학기가 늘어나면서 프로젝트의 갯수가 늘어나고 있는데, 이를 그룹핑해서 관리할 방법이 없어 불편함이 있다.

비대면 수업 초창기에 MIRO를 사용한 수업을 하고 싶었지만, 무료계정의 경우 수업에 활용하기에는 보드 갯수의 제한, 보드를 함께 편집할 수 있는 인원의 제한, 투표, 타이머 등 기능의 제한이 있었다. 그러나 유료로 활용하려면 팀당 혹은 사용자당 지불해야 할 비용이 너무 높았다. MIRO가 교육자를 위한 무료 플랜을 진행함에 따라 수업에 적극적으로 활용하게 되었다. MIRO 교육자 무료 플랜을 사용하기 위해서는 신청자가 인가된 교육기관에 소속되어 있음을 증명하는 문서를 이메일로 보내면 된다. 교수자의 신분이 명시된 학교 웹사이트의 스크린샷, 재직증명서, 교육 이메일 주소와 함께 신청할 수 있다. 신청에 대한 응답은 최대 10일이 소요된다. 교육자 계정의 경우 교육자에게 영원히 유효하며, 한 팀에 100명의 구성원을 포함할 수 있다.

    MIRO 외에도 온라인 협업을 돕는 다양한 협업 도구가 있다. BeCanvas[57], Google Jamboard[58], Marimba[59], Mural[60], Padlet[61] 등이 있다.

57
https://allo.io/

58
https://edu.google.com/intl/ALL_kr/products/jamboard/

59
https://www.marimba.team/

60
https://www.mural.co/

61
https://padlet.com/

저자는 여러 도구를 검토한 후, 뮤랄, 미로, 패들렛을 수업에서 사용해 보았다. 교수자가 지나치게 여러 가지 프로그램을 수업에 도입할 경우 학습자가 새로운 도구를 익히는데 부담을 가진다는 것을 알게 되어, 비대면 수업 2년 차인 2021년에는 MIRO를 중점적으로 활용해 수업하고 있다.

새로운 도구를 수업에 적용하기 전에, 학생과 모둠을 지어 연습하고 검토하는 과정을 반드시 거쳤다. 학습자 입장에서 새로운 도구에 대한 저항은 없는지, 배우는 데 어려움은 없는지, 반응 속도는 괜찮은지, 사용 권한에 따른 차이는 어떤지 등을 검토했다. 또한 비대면 환경에서 활동 중심 수업을 하려면, 도구의 선택과 함께 정교한 교수 설계가 필요하다는 것을 확인할 수 있었다.

MIRO 교육자 플랜 안내
https://url.kr/hpi8sn

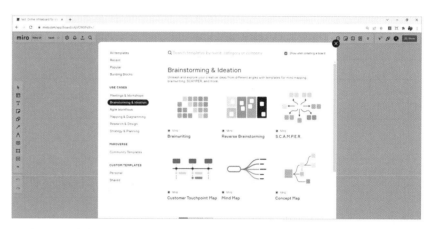

[그림6-16] 온라인 협업을 위한 화이트보드 플랫폼 Miro

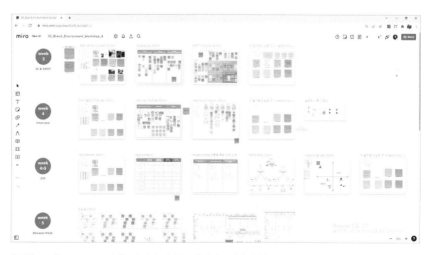

[그림6-17] MIRO로 구축한 디지털 워룸: 3강에서 5강까지 활동의 기록

62
https://vrew.voyagerx.com/

브류 Vrew[62]: 강의편집에 최적화된 비디오 편집 도구

브류(Vrew)는 인공지능을 활용한 영상 편집 프로그램이다. 교수자의 강의를 녹화하여 브류에 불러오면 인공지능 음성인식을 통해 강연자의 음성을 텍스트로 변환해 준다. 브류는 강연자의 음성에서 추출된 텍스트를 보면서 문서 편집하듯이 편집하면, 텍스트에 연동된 영상이 편집되는 방식의 프로그램이다. 이 프로그램의 놀라운 장점은, 1) 영상 편집에 드는 시간을 현저히 줄여준다는 점, 2) 프로그램이 놀랍도록 가벼워서 영상 편집을 빠르게 할 수 있다는 점, 3) 자막을 생성해준다는 점, 4) 강사의 언어 습관을 텍스트로 확인하게 해 준다는 점, 5) 무료로 사용할 수 있다는 점이다. 이 영상 편집도구를 활용하여 강연자의 영상을 편집하는 시간을 놀랍도록 절약할 수 있었다.

또한 브류를 활용하여 음성 혹은 영상으로 기록한 사용자 인터뷰를 텍스트로 변환하는 데 유용하게 활용할 수 있었다. 음성이나 영상으로 기록된 사용자 인터뷰 내용을 녹취하는 데 시간이 오래 걸린다. 브류를 사용하면 인공지능으로 사용자의 음성을 텍스트로 전환해 주기 때문에, 텍스트로 전환된 데이터를 문서 편집 방식으로 손쉽게 정리할 수 있었다.

[그림6-18] 강의편집에 최적화된 인공지능 비디오 편집 도구 브류 Vrew

63
https://otl.snu.ac.kr/

OTL: 서울대 Online Teaching Lab[63]

서울대 교수학습센터는 2020년 9월부터 비대면 수업과 관련하여 교수 노하우를 공유하는 Online Teaching Lab을 개설해 운영하고 있다. 이 사이트는 서울대 구성원이 아니더라도 누구나 자료를 열람할 수 있다. 이 사이트에는 비대면 교육과 관련된 컬럼, 자료 라이브러리, 교수법 팁 등의 내용이 있다. 비대면 교육과 관련된 각종 자료가 쏟아지고 있지만 옥석을 가리기에 힘든 면이 있었다. 반면 서울대 OTL의 자료는 교수의 실질적인 경험을 다루고 있고, 교수를 위해 모아진 자료라서 교육 커뮤니티의 일원으로 유용하게 참고할 수 있는 자료가 많았다.

[그림6-19] 서울대 교수학습지원센터가 운영하는 온라인 교수법 랩 사이트

6-5

플립드 러닝
Flipped
Learning[64]

64
위키백과 역진행 수업

'거꾸로 학습', '거꾸로 교실', '뒤집어진 교육', '역진행 수업 방식' 등으로 언급되는 플립드 러닝은 미국 콜로라도 주에 있는 Woodland Park 고등학교의 화학 교사인 Jonathan Bergmann과 Aaron Sams에 의해 처음 구현되었다. Bergmann and Sams(2012)는 플립드 러닝에 대해서 "전통적으로 수업에서 행해지던 것은 집에서 이루어지고, 숙제로 행해지던 것은 이제 수업에서 완성된다."고 정의하였다. 즉, 플립드 러닝은 전통적으로 교실에서 이루어지던 교사의 강의를 동영상 자료로 제작하여 학습자에게 제공

하고, 학습자로 하여금 제공된 동영상 자료를 집에서 스스로 사전학습한 후 교실에서 동료 학습자와 토의, 토론, 실험, 프로젝트 수행 등의 다양한 협력 활동을 통해 심화 학습하는 것이다.

본 융합수업 수행에 있어 수업 시간 중에 학습자의 토의, 토론, 프로젝트 수행의 시간을 확보하기 위해 플립드 러닝을 적극적으로 도입했다. 5장의 강의계획 수립 단계에서 밝힌 바와 같이 본 융합수업에 필요한 학습 내용을 선정하고, 이를 15주 간의 강의계획에 반영하고, 학습에 필요한 강의 영상을 촬영 혹은 큐레이션 하는 방식으로 플립드 러닝을 운영했다.[65]

65
이상선(2017)

플립드 러닝의 장점

프로젝트 기반 수업에서 플립드 러닝 방식을 적용했을 때 확인할 수 있는 장점은 다음과 같다.

학생 활동 및 개별적 지도 시간의 확보

플립드 러닝은 교실 수업에서 강의 비중을 낮추어, 수업을 활동 중심으로 운영할 수 있게 했고, 팀원 간 소통 시간 및 수강생을 개별적으로 지도할 수 있는 시간을 확보하는 효과가 있었다. 수업 시간에 강의와 팀 활동 두 가지를 충분히 수행할 수 있으면 좋지만, 예년의 융합수업을 통해 현실적으로 수강생들이 팀 활동 시간이 부족함을 호소하고, 팀 작업을 위해 수업 외의 별도의 시간을 확보하기에 어려움이 많다는 문제점을 확인했다. 따라서 교수자는 수강생이 혼자서 수행할 수 있는 온라인 강좌 시청은 개인 과제로 수행하도록 지도하고, 수업 시간은 교수자의 지도하에 최대한 팀 활동을 수행하도록 운영했다.

학습 흥미와 메타 인지의 촉진

타 전공의 내용을 학습하는 것은 그 분야에 대한 흥미를 갖게 하는 효과가 있다. 또한 자신의 전공과 비교, 연결해 보면서 학습자 자신의 전공에 대한 흥미도 돋우는 효과가 있다. 또한 팀 활동을 할 때는 자신의 전공에서 배운 개념, 방법론, 논리를 활용하게 되는데 동료 학습자에게 설명하고 토론하는 과정에서 자신의 학업에 대한 메타 인지를 촉진하는 효과가 있다.

디지털 시대에 적절한 학습 방식

MZ세대는 이미 동영상을 활용해 혼자 학습하는 방식에 매우 익숙하다. 교수자 역시 2년 동안 비대면 수업에 적응하느라 자신의 강의를 동영상으로 촬영, 편집해서 운영하는 방식에 익숙하다. 개인적 차원에서 익힐 수 있는 지식 전달성 교육 내용은 짧은 동영상으로 제작하여 수업 운영에 활용한다면, 교수자는 똑같은 내용을 반복해서 설명할 필요가 없는 반면, 학습자는 자신이 이해할 때까지 반복 또는 완급을 조절해서 학습할 수 있는 이점이 있다.

강의영상 시청 독려 방법

플립드 러닝 도입을 고려하는 모든 교수자의 공통된 염려는 수강생이 제시된 동영상을 과연 시청하고 올 것인가에 대한 것이다. 학습자가 강의 영상을 시청하도록 독려하는 방법으로 흔히 사용되는 방식은 퀴즈나 시험문제를 출제하는 방식이다. 본 융합수업에서 활용한 강의 영상 시청 독려 방식은 다음과 같다.

최장 40분의 동영상으로 구성

플립드 러닝을 위해 학습자에게 제시하는 동영상 길이의 합이 최대 40분이 넘지 않도록 주의를 기울였다. 영상을 시청할 때 학습자가 집중할 수 있는 시간의 제한과 시청 후 정리에 필요한 시간을 고려하여, 학습자가 일주일에 감당할 수 있는 분량으로 학습 양을 조절한 것이다. 타 전공의 강의 동영상은 협업 시 소통을 위해 필수적으로 들어야 했고, 학습자 전공의 강의 동영상은 선택적으로 들도록 했다. 학습자의 성향과 여건에 따라 스스로 학습량을 조절할 수 있도록 했다.

보고서 구성은 요약, 시험문제, 질문

강의 동영상을 들은 후에 학습자는 이를 보고서로 작성해 교수자가 지정한 방식으로 제출해야 한다. 보고서는 서술형이 아니라 개조식으로 작성하는 것을 권장했으며 분량의 제한은 없다. 단 보고서의 구성은 반드시 1) 내용 요약, 2) 시험문제 출제, 3) 교수자에게 질문을 포함해야 한다. 아울러 원하는 경우 4) 심화 자료의 링크와 요약을 추가할 수 있다.

- 내용 요약: 내용 요약은 현장 수업에 참여했을 경우 학습자가 수행하는 노트필기에 해당되는 활동이다. 내용 요약 활동은 학습자가 동영상을 틀어 놓고 내용에 집중하지 않는 것을 막아준다. 또한 과제 게시물의 제목을 반드시 한 줄 요약으로 달도록 했다. 강의를 한 줄로 요약하면서 강좌의 핵심을 파악하도록 촉진한다.
- 시험문제 출제: 학습자는 강의를 들은 후 자신이 교수자라고 가정하고 시험문제를 출제해야 한다. 학습자가 시험 문제를 출제하기 위해서는 강의에서 중요한 내용이 무엇인지 파악해야 한다.
- 교수자에게 질문: 교수자에게 할 질문을 찾아내기 위해서 학습자는 자연스럽게 자신이 아는 바와 모르는 바를 확인하게 된다. 이 과정에서 메타인지가 촉진된다.
- 심화 학습: 강의 영상과 관련된 심화 자료를 찾고, 간단히 요약한다. 이는 학습자의 관심이나 열의에 따라 선택적으로 수행한다.

공개된 공간에 과제 제출

학습자는 플립드 러닝 보고서를 공개된 온라인 수업카페에 제출한다. 교수자는 카페를 통해 학습자의 과제를 점검하고, 질의에 응답하고, 학습자가 잘 이해하지 못하는 개념을 파악한다. 공개된 공간에 학습한 보고서를 제출하는 것은 다음과 같은 효과가 있다.

반복 학습 효과가 있다. 학습자가 보고서를 수업카페에 올리면 수업에 참여하는 학급 구성원이 그 과제를 서로 열람한다. 또한 우수과제는 교수자가 제목의 색상을 바꾸어 주는데, 우수과제로 교수자의 인정을 받은 과제는 더 많이 조회된다. 이러한 상호 간의 과제물 조회는 학습자가 자연스럽게 학습 내용을 반복하는 효과가 있다. 교수자에 따라 공개된 공간에 보고서를 올릴 경우 타 학습자의 과제물에 대한 표절을 염려 하는 경우가 있다. 보고서 표절을 하더라도 남의 노트를 옮겨 적는 것과 유사한 방법으로 중요한 것과 아닌 것을 구별하고 정보의 위계를 파악하는 등의 노력이 들기 때문에 이는 표절로 보기보다는 참조로 보는 것이 맞다.

동료 학습 효과가 있다. 보고서에는 반드시 교수자에게 질문을 하는 내용이 있어야 한다. 이에 대해서 해당 전공의 수강생이 타 전공 수강생의 질문에 대해 응답을 하도록 권장한다. 팀 단위로 전공 간에 이와 같은 동료 학습을 독려하여 학습자 자신의 전공 내용에 대해 더 확실하게 이해하는 계기가 된다.

학습자의 이해도와 질문을 파악할 수 있다. 교수자가 과제 전체를 읽으면 학습자가 겪는 문제의 공통점을 찾을 수 있다. 교수자는 학습자에 대한 이해를 바탕으로 다음 수업을 준비한다. 학습자가 교수자에게 하는 질문을 토대로 수업이 진행되면 일방적으로 강의를 진행하는 것보다 학습자의 몰입을 훨씬 더 잘 이끌 수 있다.

교수자의 역할

본 융합교육에서 플립드 러닝을 활용하면서 교수의 역할은 강사의 역할보다는 큐레이터, 코칭, 가이드, 코디네이터의 역할을 수행하게 되었다. 수업 진행의 단계에 맞는 적절한 강의를 녹화하거나 큐레이팅 하고, 과제 점검을 통해 학습자를 코칭하고, 학습자가 상호 간에 동료학습을 촉진 하도록 가이드하고, 학습한 내용을 수업 시간에 체화할 수 있도록 수업의 코디네이터의 역할을 한다. 플립드 러닝은 수업 시간 중, 강의에 들던 시간을 개별 학습자 또는 팀 단위의 프로젝트 지도에 쏟을 수 있었다.

[그림6-20] 학습자의 플립드 러닝에 대한 교수자의 시차 지도

6-6

비대면에서 활동 중심 협동학습 예시

본 절에서는 융합수업에서 수행한 몇 가지의 비대면 활동 중심 협동학습에 대한 예시를 자료와 함께 설명한다. 본 수업에서는 거의 모든 차시에 짧게는 50분에서 길게는 120분까지 다양한 활동 중심 협동학습 워크숍을 운영했다. 워크숍을 할 수 있는 도구는 '6.4.2 미로 Miro'에서 소개한 바 있다. 워크숍을 운영하는 데 중요한 점은 도구가 아니라 정교한 설계다. 본 수업에서 활동을 위한 수업을 설계할 때 주의를 기울인 점은 다음과 같다.

- 학습 내용 확인을 위한 활동을 선정한다. 프로젝트 진행의 단계에 따라 아이디어의 공유, 발산, 수렴, 디자인, 개발, 전달 등 다양한 과정이 필요하다. 워크숍의 유형과 방법은 프로젝트 개발의 단계에 맞추어 선정했다.
- 시간의 배분을 정교하게 하고 진행 시간을 준수한다. 60분짜리 워크숍이라고 할 때, 60분의 시간을 어떻게 활용할지, 더 작은 단위로 나누어 학습자가 수행할 내용을 가이드와 함께 제시하여, 학습자가 우왕좌왕하지 않고 학습 목표를 달성하도록 구성한다. 또한 시간을 준수해서 활동을 마칠 수 있도록 독려한다.
- 모든 구성원이 생각하고, 말하고, 토론하고, 합의하는 절차를 거치도록 설계한다. 생각한 내용을 포스트잇에 적고, 이를 팀원에게 설명하고, 토론 투표를 하는 등 합의를 하는 과정을 거치도록 한다. 이와 같은 방법은 팀 활동에서 주도적인 몇몇의 학습자만 프로젝트를 수행하는 것을 막는 효과가 있다. 모든 학습자가 수업에 능동적으로 참여하고, 그 결과를 프로젝트에 반영할 수 있도록 한다.
- 활동 결과가 기록으로 남도록 한다. 활동 중심 수업의 한계는 활동 후에 교실 밖을 나서면서, 학습한 내용이 휘발되는 경향이 있다는 점이다. 이를 방지하기 위해 활동의 기록을 남기도록 하고 이를 다음 단계의 학습과 연계한다.

워크숍을 제한된 수업 시간에 완료하기에 시간이 충분하지는 않은 경우가 있었다. 수업 종료 후에도 팀 단위로 논의가 이어지는 경우도 많았다. 그러나 학습자에게 제공된 다양한 워크숍 가이드는 팀 단위로 활동이 이어지더라도 지금 단계에서 학습자가 고민해야 할 것이 무엇인지, 다음에 무엇을 알아보아야 할지에 대해 논의할 수 있도록 돕는다는 점에서 유익하다. 또한 워크샵이 진행 중인 수업 시간에 학습자는 두 명의 교수자와 한 명의 전문가 지도가 있는 안전한 울타리 안에서 논의를 진행할 수 있었다.

아이스 브레이킹 Ice Breaking

비대면 교육 환경에서 아이스 브레이킹은 교수자 입장에서 난이도가 높은 과제였다. 서로 다른 전공, 다른 학년의 수강생이 서로에 대해 전혀 모른 채로 만나, 한 학기 내내 프로젝트를 함께 수행하려면, 팀원 간에 충분한 이해, 친밀감, 신뢰가 형성되어야 한다. 학기 초반에 팀원 간 라포를 빠르게 형성하기 위해, 본 융합수업의 교수자는 '4.2 학습자의 이해'에서 밝힌 바와 같이, 수강생을 대상으로 개강 1주일 전부터 자기소개서를 받았다. 수강생에 대한 이해를 바탕으로 팀을 구성하고, 개강 첫날부터 팀 단위 활동으로 팀원 간에 이해를 돕고 어색함을 깨도록 했다. 본 융합수업의 개강일 아이스 브레이킹은 다음과 같이 진행되었다.

아이스 브레이킹 강의자료
https://url.kr/g7nlaq

구분	활동 설명
상호이해 (10 min)	상호 이해하는 단계로, 수강생이 제출한 자기소개서의 내용 중 공개해도 괜찮은 사적인 내용, 즉, 소셜 계정, 희망 진로, 장점, 자랑을 전체 수강생에게 공개했다. 팀 단위로 자신 팀에 속한 팀원의 사적인 정보를 서로 열람하면서 댓글을 달아, 공감, 관심, 호감을 표시하면서 서로를 이해하게 했다.
자기소개 (10 min)	댓글 활동 후에는 60초 동안 각자 자기소개를 하고 듣는 팀원은 표정, 채팅, 주석기능으로 최대한 적극적으로 반응하고 질문하도록 했다. 이 활동은 단시간 내에 팀 구성원에 대한 사적인 정보를 알게 됨으로써, 관계를 형성하는 데 도움이 되었다.
역할 분담 (10 min)	팀 내에서 모든 구성원이 한 가지 이상의 봉사 또는 역할을 수행하도록 했다. 팀장은 이미 정해진 상태였고, 각종 기록 담당, 회의록, 리액션, 회계 등의 역할을 나누어 담당하도록 했다.
줌 배경 만들기 (10 min)	작은 과제를 함께 수행하는 단계로, 본 수업에서는 줌 배경으로 사용할 이미지를 함께 디자인하는 활동이었다. 대면 환경에는 팀 간의 경쟁심을 유발하는 간단한 게임을 하면서 팀 내부의 결속을 다지는데, 비대면 환경에서는 팀 단위로 수행하는 작은 프로젝트로 대체했다. 7개 팀의 배경색을 모두 반영하였을 때 줌 화면에서 팀 간에 구별이 되면서도 조화롭게 보일 수 있도록, 팀별 배경 색상은 교수자가 지정하고, 디자인은 팀 단위로 수행했다.
팀 운영 규칙 (10 min)	팀 단위로 팀 운영을 위한 규칙과 팀 내에서 수행할 역할을 합의를 통해 정하도록 했다. 학습자가 정한 규칙은 약속 엄수, 피드백 등에 대한 내용이 많았다.
마무리 (10 min)	팀장은 회의 과정을 기록한 영상을 교수자에게 송부하고, 팀원들은 서로 간의 연락처를 확보하고 상호 소통할 수 있는 단체 대화방을 마련하도록 했다.

[표6-3] 60분 동안 진행한 아이스 브레이킹 워크샵의 절차

[그림6-21] 팀별로 수강생의 약식 자기소개 글을 읽고 공감, 관심을 표현하는 팀원 이해 활동

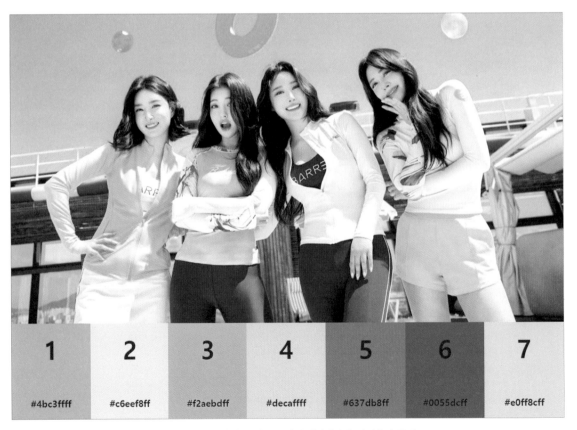

[그림6-22] 교수자가 기업체의 광고이미지에서 추출한 색상으로 팀별 배경색상을 지정하여 공지

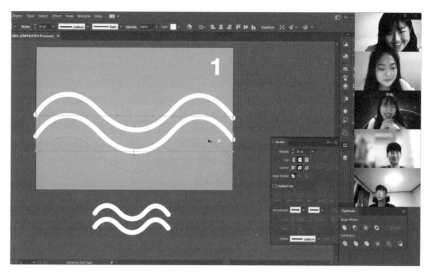

[그림6-23] 팀별로 협력하여 ZOOM 배경 디자인

[그림6-24] 디자인한 배경을 적용한 상태

[그림6-25] 모든 학습자가 팀별 배경을 설정하고 다시 모인 상태

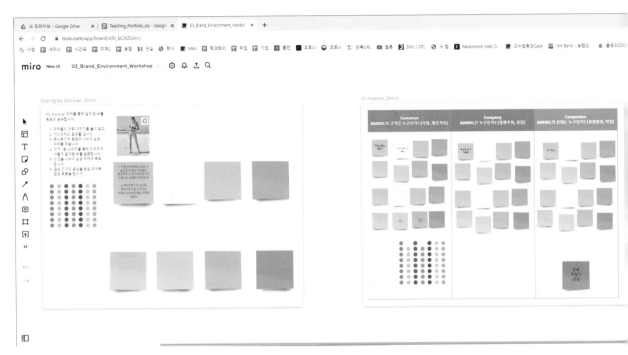

[그림6-26] 90분 간 진행하는 Brand Environment Workshop 을 위한 온라인 활동 가이드

아이디어 공유 워크샵

[그림6-26]은 3강의 브랜드 환경에 대한 학습자 간의 학습 내용 공유와 의견 수렴을 위해 마련한 90분짜리 워크샵 활동 가이드다. 10분간 학습 내용 공유, 30분간 마케팅의 3C 논의, 30분간 SWOT 분석 논의, 10분간 다음 주까지 학습할 내용 계획 수립으로 설계되어 있다.

이 워크샵을 위한 가이드는 MIRO를 활용해 작성했으며, 팀 별로 제공되었다. 각 활동지는 완전이 빈 것이 아니라 하나씩은 예시를 넣어, 학습자가 무엇을 생각하고 적어야 할지 북돋우는 넛지 역할을 하게 했다. 포스트잇 색상마다 팀원을 배정하여 색상 별로 누구의 의견인지 알 수 있도록 했다. 팀원 마다 자신의 색상을 정하는 까닭은 모든 학습자가 발언하도록 촉진하기 위함이다. 이와 같은 장치는 모든 수강생이 발언이나 참여를 하도록 독려하는데 도움이 된다. 팀장들은 팀 단위로 별도의 ZOOM 회의를 열고, 제공된 MIRO 가이드에, 제한 시간에 맞추어 주어진 활동을 진행한다. 단위 활동 시 다음의 순서를 따른다.

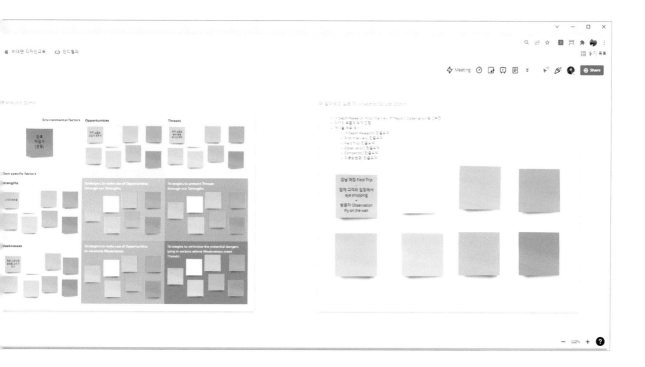

1. 포스트잇에 자신의 생각을 먼저 적는다
2. 팀원들에게 자신의 의견을 설명한다.
3. 팀원 간의 토론 후에 투표를 한다.
4. 수업 중 완료되지 않은 활동지는 다음 시간까지 해당 전공 수강생 중 1명이 책임자가 되어 완수한다.

워크샵의 마무리는 다음 시간까지 더 알아보고 싶은 것에 대해 팀 단위로 과제의 제목과 담당자를 정하는 것이다. 교수자는 활동지에 다음 차시까지 학습하면 좋을 내용의 목록 예시를 제공해서, 짧은 시간 동안 학습자가 지나친 고민을 하지 않아도 가야 할 방향을 파악할 수 있도록 했다.

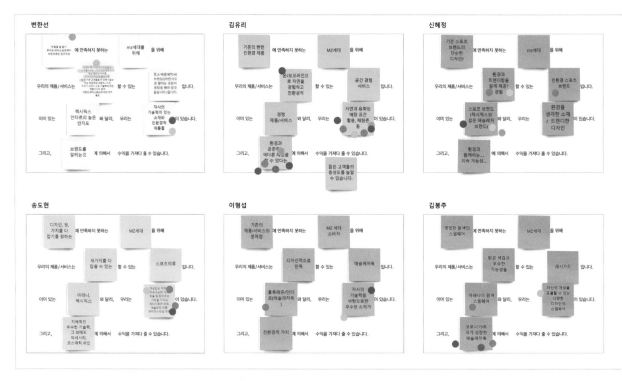

[그림6-27] 엘리베이터 피치 워크샵을 위한 활동용 보드

아이디어 수렴 워크샵

66
https://en.wikipedia.org/
wiki/Elevator_pitch

엘리베이터 피치 Elevator pitch[66]는 어떤 상품, 서비스, 혹은 기업과 그 가치에 대해 상대를 설득하기 위해 작성하는 빠르고 간단한 요약 설명이다. 엘리베이터 피치 활동의 예시는 학습자가 각자 생각하게 하고, 이를 글로 정리하고, 말로 설명하고, 구성원의 투표와 토론을 통해 자연스럽게 합의에 이르는 과정을 보이고 있다. 프로젝트 진행 중 다양한 의견 수렴의 과정을 설계할 때 이 활동의 예시를 참고할 수 있을 것이다. [그림6-27]은 팀별로 자신의 서비스를 정의하는 단계에 학습자가 수행한 50분짜리 워크샵의 결과다. 이 워크샵은 [표6-4]와 같은 과정을 거쳤다.

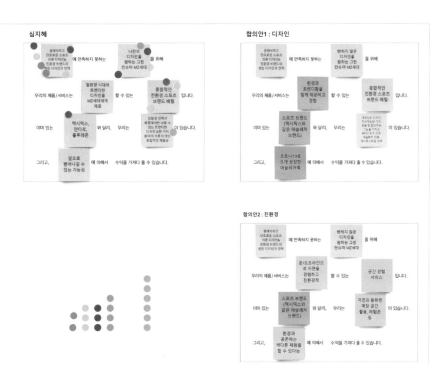

구분	활동 설명
생각하기 (10 min)	토론 없이 각자의 생각을 교수자가 제공한 미로의 빈 워크시트에 작성한다. 이때 남의 것을 보지 않고 최대한 자기의 생각을 정리해서 작성한다. 교수자는 학습자의 생각을 이끌어 낼 수 있도록 워크시트에 다른 도메인의 예시와 함께 제시했다.
1분 스피치 (15 min)	자신의 생각이 왜 타당한지 팀원에게 설득력 있게 설명한다. 팀원들은 다른 팀원의 의견을 주의 깊게 경청한다.
투표 (5 min)	모든 팀원의 설명을 들은 후에 각 박스마다 가장 좋은 아이디어에 대해 팀원 숫자의 1/2에 해당하는 투표 스티커를 붙인다.
합의안 만들기 (20 min)	많은 지지를 받은 박스를 조합해 새로운 엘리베이터 피치를 생성한다. 토론을 통해 엘리베이터 피치를 다듬어 합의안을 도출한다.

[표6-4] 50분 동안 진행한 엘리베이터 피치 워크샵의 절차

제 7장

학습성과
자료와 평가

67
김소영(2014)

본 학제간 융합수업의 교수자는 학습자가 과제를 수행하거나, 수업 활동, 발표 등의 기회를 통해 학습성과를 축적해가도록 수업을 설계했다. 본 장에서는 학습자가 학습성과[67] 축적을 위해 수행한 과제, 활동, 발표 등과 평가 방식에 대해 다룬다.

68
최정윤, 이병식(2009)

대학에서의 학습성과는 대학 교육을 통해 학습자가 획득하게 되는 결과물이며, 개인이 고등교육을 통해 얻는 변화와 혜택으로 설명할 수 있다.[68] 이러한 맥락에서 학습성과는 학습자가 학습을 통해 알게 되거나 수행할 수 있게 되는 결과로 정의되는데,[69] 2000년대에 들어 고등교육에서의 핵심역량이 강조되면서 학습성과는 핵심역량의 내용을 반영하게 되었다.[70]

69
Otter(1992)

70
최정윤, 이병식(2009)

Astin은 대학에서의 학습성과를 성과와 자료의 종류라는 기준에 의해 설명하였다. Astin이 제시한 성과의 두 종류는 인지적 성과(cognitive outcome)와 정의적 성과 (affective outcome)이며, 자료의 두 종류는 심리적 자료(psychological data)와 행동적 자료(behavior data)이다. 여기서 행동적 자료는 눈에 보이거나 행동으로 나타나는 특성을 의미하며, 심리적 자료는 행동적 자료와 달리 눈에 보이지는 않지만, 학습자가 획득하게 되는 내면적 인지와 정서적 측면의 특성을 의미한다.[71]

71
Astin(1993)

자료의 종류 (type of data)	성과의 종류 (type of outcome)	
	인지적 성과 (cognitive outcome)	정의적 성과 (affective outcome)
심리적자료 (psychological data)	▪ 구체적인 내용지식 ▪ 학문적 능력 ▪ 비판적 사고 능력 ▪ 기초 학습 능력 ▪ 특별한 능력 ▪ 학문적 성취	▪ 가치 ▪ 흥미도 ▪ 자아개념 ▪ 태도 ▪ 신념 ▪ 만족도
행동적자료 (behavioral data)	▪ 학위 취득 ▪ 직업적 성취 ▪ 수상 및 특별한 인정	▪ 리더십 ▪ 시민의식 ▪ 대인관계 ▪ 취미와 기타 직업

[표7-1] 성과의 종류와 자료 유형에 따른 학습자 성과 모형

7-1

수강생 과제물과 평가기준

본 융합수업에서 학습자의 과제물은 100% 온라인 공간에서 기록, 공유되었다. 이 기록을 개별 학습자가 모으면 쉽게 학습 포트폴리오로 구성할 수 있다. 교수자는 이 기록을 열람하여 학습자의 학습성과를 가늠하고 평가한다. 본 수업에서 학습자의 학습성과를 축적하고 평가에 기준으로 삼을 수 있는 내용은 다음의 표와 같다.

평가	구분		내용과 성과 기준
정량	출결 (10%)		<ul><li>학습자의 태도</li><li>지각, 결석에 대한 평가</li></ul>
	평소과제 (30%)		<ul><li>구체적인 내용지식, 학문적 능력, 기초 학습 능력</li><li>학습자의 흥미도, 태도</li><li>플립드 러닝, 리서치 등 총 15회의 평소과제</li></ul>
정성	중간발표 (30%)	개별보고서 (10%)	<ul><li>구체적인 내용지식, 학문적 능력, 비판적 사고 능력</li><li>문제의 발견과 정의 단계에 작성한 개개인의 리서치 보고서</li></ul>
		팀발표 (20%)	<ul><li>구체적인 내용지식, 학문적 능력, 비판적 사고 능력</li><li>학습자의 가치, 흥미도, 만족도, 리더십, 대인관계 관련</li><li>문제의 발견과 정의 단계에 작성한 팀 단위의 리서치 보고서로 개별 보고서 중 가장 우수한 평가를 받은 보고서를 중심으로, 여러 팀원의 보고서를 통합하여 작성</li><li>문제의 발견과 정의에 대한 발표</li></ul>
	기말발표 (29%)	개별시제품 (5%)	<ul><li>학문적 성취, 전공적 성취</li><li>학기말에 자신의 전공을 살린 시제품 개발</li></ul>
		팀발표 (24%)	<ul><li>문적 성취, 전공적 성취, 우수 프로젝트 수상</li><li>학습자의 리더십, 대인관계</li><li>학기말에 제안하는 문제해결 방안에 대한 시제품과 발표</li></ul>
	기타 (1%)		<ul><li>학습자의 태도, 신념, 만족도, 리더십</li><li>수업에서 팀장, 우수과제 등으로 현저한 노력을 기울인 경우</li></ul>

[표7-2] 학습자의 학습성과 축적을 위한 항목

7-2

팀 활동의 기록

본 융합수업의 주요 교육 활동은 팀 단위의 공유, 토론, 디자인 활동으로 활동의 기록은 중요한 학습성과 축적의 방편이 된다. 활동 중심 수업은 대부분 MIRO 보드를 활용해 이루어졌는데, MIRO를 처음 사용하는 학습자는 초기에 다소의 어려움을 호소했으나, 금방 사용 방법에 익숙해졌다. 수업이 진행되면서는 학습자들이 스스로 창의적으로 MIRO의 기능을 활용하여 팀 활동을 진행하기도 했다. 몇몇 학습자는 이와 같이 복잡한 수업 활동을 대면에서 어떻게 수행하느냐고 교수자에게 질문할 만큼 학기의 1/3이 지나기 전에 모든 학습자가 비대면에서의 팀 활동에 숙련되었다.

대면 수업의 경우 수업 활동을 사진으로 촬영하고, 회의록을 쓰고, 이를 수업 카페에 게시하는 형태로 기록화했다. 이와 같은 방식의 활동 기록은 모두 온라인에도 존재하기는 하지만, 개별 활동의 디테일, 활동과 활동 간의 연계, 전체적인 맥락이나 흐름을 파악하는 데는 어려움이 있었다.

반면, 비대면 수업에서 팀 활동을 위해 활용한 MIRO 온라인 협업 플랫폼은 수업에서 행해지는 팀 활동을 기록하고 맥락적으로 파악하도록 하는 데 유용했다. 수업의 전반부, 즉, 문제를 발견하고 정의하는 단계의 팀 활동을 위한 보드, 수업의 후반부, 즉, 해결 방안 개발과 전달 방식을 찾는 팀 활동을 위한 보드. 이렇게 두 개의 커다란 보드를 생성하여 팀 단위로 배정했다. 학습자는 주차별로, 교수자가 제시하는 활동지에 팀 활동을 수행했고, 별도의 회의록을 남기지 않아도 활동의 기록 자체가 회의록 역할을 했다. 몇 차시에 걸친 팀 활동의 결과가 자연스럽게 모아지면, 프로젝트와 관련된 개별 학습자의 과제와 팀원의 합의가 맥락적으로 모아진 디지털 워룸(War room), 즉, 상황실의 기능을 할 수 있었다.

이와 같은 비대면에서 활동 중심 수업의 운영 경험은 대면 수업이 가능한 환경이 되더라도 온/오프 혼합 방식의 수업 운영에 대한 단서를 제공했다. 즉, 대면 수업에서의 활동 결과를 디지털 워룸인 MIRO 보드에 기록해 두면, 학습자가 프로젝트 진행 중 활동의 디테일과 활동 간의 연계, 맥락, 흐름을 파악할 수 있고, 비동기적으로 소통을 촉진할 수 있을 것이다.

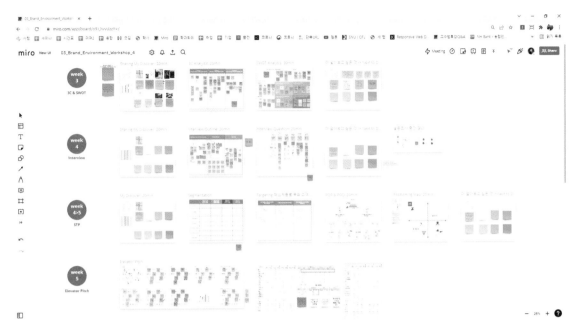

[그림7-1] 학기의 전반부인 문제의 발견과 정의 과정에서의 학습자 활동 기록

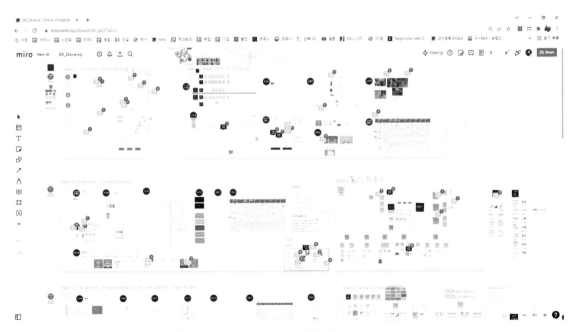

[그림7-2] 학기의 후반부인 해결 방안 개발과 전달 과정에서의 학습자 활동 기록

발표를 통한 학습성과 점검

본 절에서는 융합수업의 교육 목표를 달성하기 위해 발표의 교육 효과를 살펴보고, 학습자의 발표를 통해 학습성과를 어떻게 점검했는지 살펴본다. 본 융합수업의 학습성과는 2회에 걸쳐 진행된 발표회를 통해 확인되었다. 학기의 전반부를 종합하는 중간고사에 해당하는 중간발표, 학기의 후반부를 종합하는 기말고사에 해당하는 기말발표가 있었다. 발표를 통해 학습성과를 축적하고 점검하기 위해 2회의 걸친 발표 학습은 각각 아래와 같은 과정을 거쳤다.

구분	내용과 성과 기준
발표 1주일 전	• 수업 시간 중에 발표 자료 점검을 통한 프로젝트 진행도 점검 • 발표 순서와 시간 설계 • 자료 작성자와 발표자 확정 • 개별 연습과 팀 통합 연습
발표 당일	• 대형 강당에서 전원 발표 • 자세, 제스처, 어조, 시선처리, 적절한 성량, 시간엄수 등 발표 자체에 대한 교육 • 발표 과정 촬영 • 교수자와 학습자는 발표를 보면서 현장에서 평가
발표 다음날	• 학급평균, 자기평가점수, 동료및교수자 평가점수를 비교하여 팀별로 공개 • 서술식 평가 결과를 팀별로 공개 • 발표 영상 공개
발표 후	• 평가 결과 및 발표 영상을 보고 성찰 활동 • 개인별 성찰 일지 작성 • 팀 토론을 통한 팀별 성찰 일지 작성 • 중간 발표의 성찰 내용을 기말발표에 반영

[표7-3] 팀별 발표 학습의 과정

발표의 교육효과

팀별 발표 활동의 교육적 의미는 학생들로 하여금 협력을 통한 지적 성장, 소통과 배려의 중요성 인식, 그리고 성찰과 감사라는 인격적 성숙을 경험하게 한다는 점에서 찾아볼 수 있다.[72] 팀별 발표 활동은 긍정적인 효과와 부정적인 측면도 있으며 이는 다음의 표와 같이 정리할 수 있다.

72
이혜정(2019)

구분	긍정/부정	설명
인지적 영역	긍정 경험	▪ 학습 내용의 이해도 향상 ▪ 토론을 통한 불확실한 내용의 명료화 ▪ 토론방법 학습과 다양한 자료와 정보 획득
	부정 경험	▪ 학습 내용에 대한 인식 저하 ▪ 불성실한 친구들로 인한 학습 지장 ▪ 친구들과의 의견갈등
정서적 영역	긍정 경험	▪ 토론을 통한 모르는 내용에 대한 불안감 감소 ▪ 자신감 ▪ 자유로운 이야기로 활발한 발표 ▪ 돈독한 관계형성
	부정 경험	▪ 친구가 상처받을까 지적을 못함 ▪ 자유로운 분위기로 집중이 안 되는 점
동기적 영역	긍정 경험	▪ 수업에 적극적 참여 ▪ 일반수업보다 더 흥미로움 ▪ 학습에 대한 관심
	부정 경험	▪ 역할분담의 어려움과 시간 낭비 ▪ 친구들의 수업준비 부족 ▪ 친구와 시간 맞추기의 어려움

73
윤혜순(2010)

[표7-4] 팀별 발표 학습의 긍정 경험과 부정 경험[73]

본 융합수업에서는 발표에 앞서, 팀별 발표 활동의 긍정 경험은 극대화하고, 부정 경험은 최소화할 수 있도록 노력을 기울였다. 1) 학습 내용에 대한 인식 저하는 플립드 러닝으로, 2) 불성실한 학습자에 의한 학습 지장은 학급 구성원 전체가 참여하는 분위기 형성으로, 3) 자유로운 분위기로 집중이 안 되는 점은 철저하게 설계한 활동지로, 4) 친구들과 시간 맞추기 어려운 점은 수업 중에 의견 합의에 이를 수 있도록 수업 중 강의는 줄이고 팀 활동 시간을 더 확보하는 방법으로 설계했다. 본 융합수업에서는 팀별 발표를 통해 학습자에게 다음과 같은 학습의 경험하도록 촉진했다. 1) 아는 것과 모르는 것을 가늠하는 메타 인지, 2) 팀원 간의 토론, 조정, 합의, 3) 비판적 사고력, 4) 관련 지식의 종합, 5) 발표 기회 부여이다. 발표를 통한 교육 효과를 높이기 위해 수업 설계에 주의를 기울인 점은 다음과 같다.

- 자료의 사전 작성: 발표 전주의 팀 활동은 발표자료를 사전에 작성하고, 자료 담당자와 발표 담당자를 정하는 것이다. 이 과정에서 학습자는 지금까지 학습한 것을 종합하고, 팀원 간의 토론, 조정, 합의의 과정을 거치면서 학습성과를 스스로 진단한다.
- 평가 기준 공지: 발표의 평가 기준을 사전에 공지하여, 학습자가 달성할 학습 목표를 명확하게 한다.
- 전원 참여: 모든 학습자가 고르게 발표하도록 하여, 발표에 자신이 없는 학습자도 이 기회에 연습의 기회를 가지며, 발표를 잘하는 학습자에게 부하가 집중되지 않도록 한다.
- 큰 강당에서 발표: 무대, 대형 스크린, 마이크, 조명이 설치된 큰 공간에서 모든 학습자가 발표 기회를 가지도록 사전에 강당을 예약한다. 학습 공간으로서 교실과 강당의 차이는 명확하다. 학습자는 큰 공간에서 발표 연습을 하고 안전하게 실수할 수 있도록 분위기를 조성한다.
- 발표 교육: 교육 현상에서 발표 자체를 교육한다. 사세, 세스처, 어소, 시선 처리, 적절한 성량, 시간 엄수 등 제3자에게 공식적으로 의사를 전달할 때 필요한 내용을 경험적으로 학습할 수 있도록 한다.
- 기록과 성찰: 발표 과정 전체를 동영상과 사진으로 기록하고, 학습자가 이 기록을 보고 자신과 팀의 발표에 대해 성찰하도록 한다. 이 결과를 토대로 다음 발표에 개선점을 찾아 반영하도록 한다.

중간 발표

중간발표는 7강[74]에 실시했다. 이는 학습자에게 중간고사에 해당되는 과정이었다. 프로젝트의 단계 중 중간고사 시점은, 문제의 발견과 정의에 대해 지금까지 학습한 결과를 종합하는 단계였다. 중간발표에서는 각 팀이 찾은 문제 중 집중할 것은 무엇이며, 이 문제를 다루는 것이 왜 타당한지, 이에 대한 교수자와 다른 학급 구성원의 의견은 어떤지 확인하는 기회였다. 7개 팀에 대해 팀별로 최대 18분의 시간이 주어졌으며, 15분은 팀별 발표, 3분은 다른 학습자 혹은 교수자와 질의응답으로 진행되었다. 3시간 동안 모든 팀이 고르게 발표할 수 있도록 철저하게 시간을 지켜 발표를 진행했고, 두 팀 단위로 휴지기를 가져 집중력을 유지하게 했다. 중간발표의 평가 기준은 학습 목표를 담고 있으며 그 내용은 다음과 같다.

- 문제의 핵심이 잘 드러나 있나?
- 적절한 리서치 방법과 인사이트가 있는가?
- 개발하고자 하는 서비스/제품 핵심이 설득력이 있나?
- 발표는 효과적으로 진행했나?
- 토론을 잘 진행했나?
- 자료는 파악하기 좋게 효과적으로 디자인되었나?
- 팀원이 고르게 기여했는가?
- 부록에 지지하는 자료를 풍부하게, 조리 있게 정리했나?

발표가 진행되는 동안 교수자와 다른 학습자는 스마트 폰으로 평가지에 응답한다. 발표가 진행될 때 학습자가 평가에 참여하는 것은, 학습자에게 1) 발표 내용에 집중, 2) 동료를 통한 배움, 3) 교수자 체험의 효과가 있다. 교수자는 발표회 다음날 발표를 기록한 녹화 영상과 학급 평균, 동료평가, 자기평가 결과를 집계하여 팀별로 공지했다. 학습자는 녹화영상을 보고, 평가 결과를 토대로 개인별, 팀별 성찰 활동을 하고 이를 기록하는 것으로 마무리한다. 평가 집계 결과, 팀 간의 격차가 예년에 비해 적은 것을 확인할 수 있었다. 팀별로 학급 평균, 동료평가, 자기평가를 함께 공지하는 이유는, 학급 전체에서 각 팀의 성취 정도를 비교하고, 자신의 팀에 대한 주관적인 평가와 객관적인 평가를 비교하도록 하기 위해서였다.

학습자는 평가 결과와 동영상 기록을 통해 성찰 일지를 작성하면서, 개개인의 발표 태도와 내용을 성찰하고, 팀 차원의 학습성과를 돌아보는 기회를 가진다. 기말발표 전에는 이 동영상 기록과 성찰일지를 다시 보고 발표를 개선하도록 지도했다. 성찰 일지에서 자주 언급된 성찰 내용은, 1) 시간 안배를 더 효과적으로 해야하며, 2) 읽는 형식의 발표로 전달력 부족, 3) 내용 숙지의 필요성 등이었다.

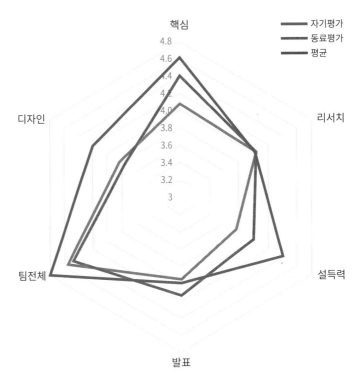

핵심
4.8
4.6
4.4
4.2
4.0
3.8
3.6
3.4
3.2
3

리서치

디자인

설득력

팀전체

발표

자기평가
동료평가
평균

[그림7-3] A팀의 중간 발표에 대한 평가 결과: 평균, 동료평가, 자기평가 비교

기말 발표

기말발표는 14강[75]에 실시했다. 이는 학습자에게 기말고사에 해당되는 과정이었다. 프로젝트의 단계 중 기말고사 시점은, 문제 해결을 위한 방안을 프로토타입과 함께 효과적으로 제시하는 단계였다. 기말발표에서 학습자는 각 팀이 찾은 해결 방안은 무엇이며, 이 해결 방안의 프로토타입을 제시하고, 이를 효과적인 방식으로 전달한다. 7개 팀에 대해 팀별로 최대 20분의 시간이 주어졌으며, 최대 16분은 팀별 발표, 3~4분 동안, 질의, 응답, 팀 교체를 하도록 진행되었다. 기말발표회는 기업체의 임직원이 참여하여, 한 학기 동안 학습자의 학습성과를 확인하고 평가했다. 또한, 학내에 융합교육에 관심 있는 교수자를 모두 초대하여, 학내 융합교육 전파에 도움이 되고자 했다. 기말발표의 평가 기준은 중간고사 때와 거의 유사하나, '프로토타입은 적절한가?'의 평가 기준을 추가하여 이 단계에 적합한 평가가 되도록 했다.

75
다른 교과목의 기말고사 기간과 겹치지 않도록 1주일 먼저 중간고사에 해당하는 점검과정을 가졌다.

- 문제의 핵심이 잘 드러나 있나?
- 적절한 리서치 방법과 인사이트가 있는가?
- 개발하고자 하는 서비스/제품 핵심이 설득력이 있나?
- 발표는 효과적으로 진행했나?
- 토론을 잘 진행했나?
- 자료는 파악하기 좋게 효과적으로 디자인되었나?
- 팀원이 고르게 기여했는가?
- 프로토타입이 적절한가?

기말발표 후 평가를 집계하고 중간발표의 평가와 비교한 결과 팀 간의 차이는 더 좁혀지고, 근소하게 상향 평준화되는 현상을 보였다. 특히 두드러진 변화는 발표 태도였다. 중간발표 때는 대부분의 학습자가 손에 메모지를 들고 읽는 형식의 발표를 하느라 전달력이 다소 떨어졌다. 성찰 일지에서 이 문제를 스스로 지적한 학습자가 많았는데, 기말발표에서는 대부분의 수강생이 내용을 충분히 숙지하고 메모 없이 청중을 보면서 자신 있게 발표하는 태도를 보여, 무대에서의 발표가 교육적인 효과가 있음을 확인할 수 있었다.

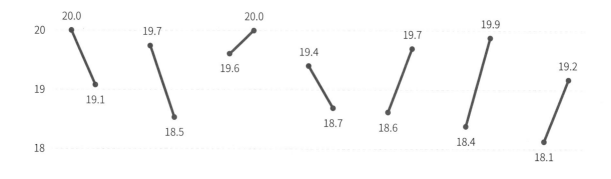

[그림7-4] 중간발표와 기말발표의 평가 결과 비교

[그림7-5] 산학기업인 배럴의 제품으로 착장하고 중간 발표에 임하는 수강생

[그림7-6] 기말에 자신들이 개발한 캐릭터 옷을 입고 발표에 임하는 수강생

프로젝트 결과물

프로젝트의 결과물은 매우 다양한 형식으로 도출된다. 리서치와 제안을 모은 보고서, 다양한 형식의 프로토타입, 제품 혹은 서비스를 설명하는 영상과 포스터 등으로, 형식도 미디어 타입도 다양하다. 학습자는 이 결과물을 상호협력하여 만드는 과정 중에 학습목표를 달성하게 되고, 이 결과를 모아 학습 포트폴리오 혹은 취업 등에 필요한 자료로 활용할 수 있다.

이 결과를 효과적으로 기록하고 접근할 수 있도록 학기말에 결과물을 묶어 MIRO에 온라인 갤러리를 만들었다. 본 융합의 활동 중심 수업 운영을 위해 중점적으로 사용한 수업도구는 MIRO였다. MIRO는 사용자 입장에서 보면 거대한 벽면과 같은 메타포로 활용할 수 있다. 사용자는 거대한 벽에 무엇이든 붙일 수 있으며, 그 벽의 크기는 무한대로 확장 가능하고, 가깝게 보거나 크게 보는 것이 자유롭다. 뿐만 아니라 화면의 자료는 하이퍼링크를 걸어, 무한한 가상공간에 있는 자료로 심도있는 관람을 가능하게 해준다. MIRO의 이러한 특징은 학습자의 결과물을 종합해 보여주기에 최적의 도구라고 판단했다.

14강의 학기말 발표 후에 교수자는 이 온라인 갤러리를 위한 프레임을 짜서 학생에게 공지했다. 학생은 15강 수업 전까지 이 온라인 갤러리에 각 팀의 주요 결과물을 교수자의 가이드에 따라 전시했다. 15강 수업 활동에서는 학습에 참여한 교수자, 학습자, 외부 전문가가 이 온라인 갤러리를 관람하고, 코멘트를 다는 방법 등으로 관람과 성찰 활동을 했다. 학습자는 자신의 결과물을 교수자가 제시한 가이드에 따라 온라인 갤러리에 전시하고, 간단한 설명과 책임자의 이름을 달아, 이 협업에서 학습 구성원이 어떻게 기여했는지 밝혔다. 온라인 갤러리에 전시한 결과물의 유형은 아래와 같다.

- 프로젝트 이름과 한 줄 요약 헤드라인
- A0 포스터에 프로젝트 개요 설명
- 발표 영상
- 프로젝트 소개 동영상
- 프로세스 문서
- 의미있는 중간 산출물
- 다양한 프로토타입

[그림7-7] 학기말 결과물을 모아 전시한 MIRO로 구현한 온라인 갤러리[76]

MIRO 온라인 갤러리
https://url.kr/tle29m

2021 Fall
HKNU & BARREL
Online Gallery

76
MIRO는 보드에 따라 접근
권한을 읽기, 댓글달기, 쓰기
권한으로 차별적으로 설정할 수
있다. 수업 활동용 보드는 학급
구성원에만 공유했지만, 온라인
전시 보드는 누구나 볼 수 있는
권한으로 설정했다.

1팀 프로젝트 소개영상
https://url.kr/horv7m

1팀 | 오감브랜딩

프로젝트 개요

1팀은 배럴 브랜드 가치 제고를 주제로 타 브랜드와는 차별화되는 브랜드 경험을 제공하는 데 초점을 맞추었다. 특히 MZ 세대를 대상으로 한 신규 고객화를 위해 오프라인 매장의 브랜드 경험 요소를 개발하고 이를 통해 온라인 상황으로 연결하고자 하는 노력을 했다.

필드 학습(field trip) 결과, 일부 오프라인 매장에서는 타 브랜드와 유사하고 차별성이 없는 매장 홍보방식이 활용되고 있으며, 브랜드를 대표하는 매장인 강남 플래그십 매장에서는 기존의 활동적이고 시원한 배럴 브랜드 이미지와는 상이한 브랜드 커뮤니케이션이 진행되고 있음을 발견했다.

이에 특별한 자극을 추구하는 MZ 세대를 대상으로 브랜드에 대한 총체적인 경험을 전달하기 위해, 브랜드가 추구하고자 하는 가치를 매장에서 직접 체험하고, 이를 온라인 공간으로 확대하는 전략을 수립하였다. 친환경 분야에서 공간 브랜딩을 활용한 체험 사례를 분석한 후 타 브랜드와 차별화되고 쉽게 기억될 수 있는 오감 체험 아이디어를 구현하였다.

1팀은 포토존, 향수, 민트 캔디, 홈페이지 콘텐츠 등 시각, 청각, 후각, 미각, 촉각을 활용하는 오감 브랜딩을 통해 독특한 브랜드 경험을 고객들에게 제공하고자 하였다. 이를 전달하기 위한 콘텐츠로 브랜드 요소, 3D 모델링, 카드뉴스, PR, 프로젝트 무비 등을 제작하였다. 이를 통해 기업과 고객 간 커뮤니케이션의 간극을 해소하고, 모두에게 특별한 경험을 제공함으로써 배럴의 인지도를 높이고 브랜드 자산 형성을 위한 전략을 제안하였다.

교수자의 평가 의견

1팀은 중간발표 이후 배럴 브랜드가 가지고 있는 'cool' 한 이미지에 집중하는 듯 보였다. 그리고 Develop 단계부터는 구체적으로 '오감'이라는 키워드를 잡았을 때 과연 오감을 어떻게 효과적으로 보여줄 것인가 걱정이 되었다. 그러나 처음부터 팀워크가 좋았던 1팀은 차근차근 준비해서 최종발표에서 모두를 사로잡는 새로운 브랜드 경험을 실현하였다. 특히 현장에서 나누어준 고급스러우면서도 쿨한 향수 시향지와 배럴 고객이 경험을 통해 기대할 수 있는 감정을 생생하게 보여준 프로젝트 무비는 발표회의 분위기를 확 바꾸어 놓았다.

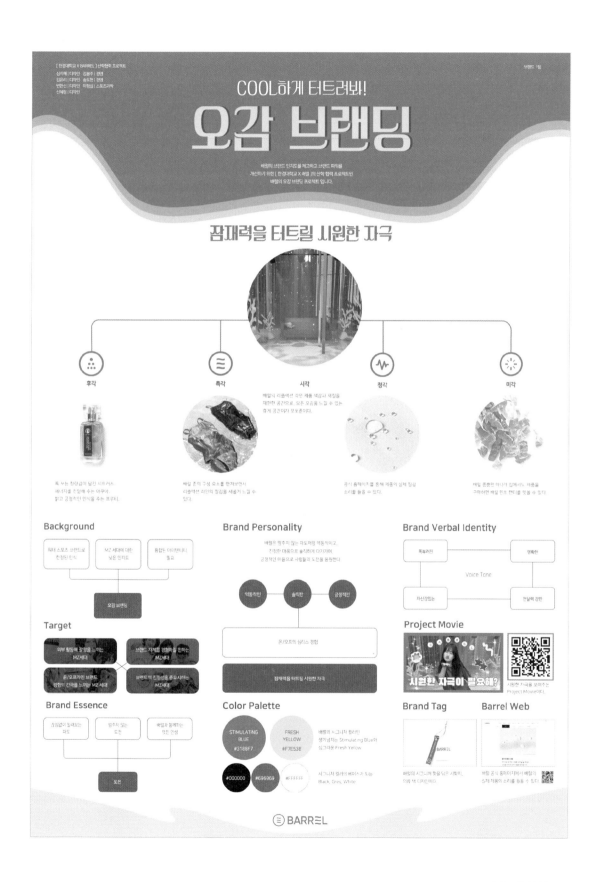

2팀 프로젝트 소개영상
https://url.kr/8ex7id

2팀 | 친환경 이미지구축 IMC전략

프로젝트 개요

2팀은 통합적 마케팅 커뮤니케이션(Integrated Marketing Communication) 관점에서 촉진전략을 제공하는 데 초점을 맞추었다. 특히 친환경에 가치를 부여하는 MZ 세대를 대상으로 배럴의 브랜드 인지도 향상 및 친환경 브랜드로서의 가치를 전달하기 위해 다양한 콘텐츠를 기획하였다.

데스크 리서치, 필드 트립, 사용자 인터뷰, 설문조사 등을 활용하여 고객 관점에서 배럴의 전략적 위치를 파악한 결과, 현재 배럴이 진행하고 있는 다양한 친환경 콘텐츠에도 불구하고 MZ 세대 주요 고객들은 배럴 브랜드와의 커뮤니케이션이 제한적이며, 친환경 브랜드로서 가치를 전달하기 부족한 것으로 인식하고 있었다.

이를 위해 다양하고 통합적인 마케팅 커뮤니케이션 활동을 전개하여 브랜드에 대한 관심 유발로 배럴 인지도를 향상시키고, 친환경 브랜드 가치를 높이는 프로젝트를 기획하게 되었다. 또한, 사용자의 브랜드 경험과 흥미 유발을 통해 신규 고객을 유입시킬 수 있으며 브랜드 가치 제공을 통해 기존 배럴 고객의 충성도를 높일 수 있다고 보았다.

2팀은 목표 고객인 MZ 세대를 대상으로 하는 마케팅 플랜, 배럴 브랜드 홍보와 브랜드 가치 전달을 구체화하는 SNS 플랜의 설계 하에 이를 효과적으로 실행할 수 있는 PR기사, BX, 야립광고, 다큐멘터리 광고, 가상 인플루언서(인스타툰, 카드뉴스), 옥외 설치물 등을 제작하였다. 그리고 이를 활용하여 배럴 인지도 향상 및 배럴의 친환경 가치를 전달하는 세부적인 촉진전략들을 제안하였다.

교수자의 평가 의견

2팀은 학기 초부터 팀워크가 좋은 팀이었다. 팀 활동 시간에 관찰해보면 경영, 디자인, 스포츠과학전공 학생들이 모두 소외되지 않고 각자 본인의 역할을 가지고 프로젝트의 진도를 가장 먼저 뺀 팀이다. 그리고 서로의 열정을 표현하기 위해 중간발표 때는 배럴의 시제품을 입고 팀 정체성을 명확히 드러내기도 했다. 그래서인지 2팀의 방향성은 서로의 재능을 희생하지 않으면서도 IMC라는 하나의 주제 안에서 콘텐츠들을 조화롭게 제시한 경우라고 볼 수 있다. 또한, 비용-효과 측면에서도 효율성이 뛰어난 전략이었다.

21-2 융합창업종합설계 | 2팀
친환경 이미지 구축 IMC 프로젝트

| 강명일 | qizzapp115@icloud.com | 수모조구팀장 팀장, 거터, 마케팅, 다큐멘터리 영상, 가상인플루언서
| 김기선 | dkzm1235@gmail.com | 경영 | 기획, 마케팅, 옥외 설치물, 다큐멘터리 영상
| 민지윤 | jun2nie@gmail.com | 디자인 | BX Design, AD Poster, 야립광고
| 백상준 | qyw9723@gmail.com | 경영 | 기획, 마케팅, 프로모션 영상, 옥외 설치물
| 이명서 | smulerms27@gmail.com | 디자인 | 가상 설치광고, 인스타툰, Process Report
| 조민지 | whalsw1514@gmail.com | 디자인 | 화상 설치물, 카드뉴스, 프로모션 영상, 다큐멘터리 영상

HELLO!

스치면, "초록" 배럴

Introduce

배럴은 친환경을 추구하기 위해 다방면으로 노력을 기울이며, 지속 가능한 올라운드 브랜드로서의 본질이 내재되어 있습니다. 스치면, 초록 배럴은 "런 배럴의 모습을 직접적으로 보여줄 수 있는 컨텐츠를 제작하고, MZ세대가 접하기 용이한 매체를 통해 '환경과의 공존'이라는 메시지를 원활히 전달하며 배럴의 새로운 수요층을 확보할 수 있는 프로젝트입니다.

Target

배럴의 다양한 산업군의 고객이거나 고객이 될 가치소비를 중시하는 MZ세대

Issue

배럴은 워터스포츠 계열의 대표 패션 브랜드입니다. 배럴은 2014년 런칭 아래 비치 클린 행사, 친환경 소재 제품 생산 등 꾸준히 환경을 위해 다방면으로 노력해왔지만, 그런 배럴의 모습이 고객에게 온전하게 전달되지 못했습니다 IT.

Insight

배럴에겐 워터스포츠 브랜드에 국한된 이미지를 확장시켜 친환경을 추구하는 올라운드 패션 브랜드라는 이미지 전달과 새로운 수요 확보가 가능한 프로젝트가 필요합니다.

전략기획 — IMC Marketing

프로젝트의 타겟이 MZ세대이기 때문에 친환경 이미지 구축전략으로 IMC가 필요했습니다. IMC가 MZ세대의 소비 특성에 따라서 다양한 채널을 통한 잦은 노출로 인지도를 높이고, 소비자에게 브랜드에 대한 잠재적인 이미지를 구축시 키며, 이를 효과적으로 전파시키는 것에 매우 특화되었기 때문입니다. 그리고 소비자는 소비 동기에 의해서 친환경 제품의 구매결정에 직접적인 영향을 받고 있습니다. 따라서 이 프로젝트는 소비자의 소비 동기를 자극하기 위해서 앞에서 수개한 여러 가지 컨텐츠를 기획하고 이를 IMC 마케팅의 방식으로 운영하게 되었습니다.

Main Contents
AR을 활용한 옥외 설치물

시각적인 자극을 통해 유발되는 흥미와 사회적인 가치를 효과적으로 어필하는 옥외 설치물 배럴 오뮤의 심각성을 알리고 배럴의 해양오염의 헤소, 생태계와 생물 다양성 보전, 회복을 위해 노력하는 브랜드라는 것을 전달합니다. 추상적인 접근과 실질적인 오브제를 통해 특별한 브랜드 익스피어런스를 제공하여 배럴에게 개성을 부여합니다.

Project Goal

배럴에게 친환경을 추구하는 올라운드 패션 브랜드 이미지를 구축해줄 프로젝트의 방향성을 정의하여 프로젝트에 아이덴티티를 확립하고, 다양한 매체를 도구삼아 타겟인 MZ세대에게 관심을 끌 수 있는 여러 컨텐츠를 제작하여 이미지 전달을 보다 효과적으로 이루어내고자 합니다.

Project Essence

환경과의 공존

배럴을 위한 프로젝트 스치면, 초록 배럴의 에센스, 즉 핵심 가치는 '환경과의 공존' 입니다. 배럴이 친환경을 생각하는 진실된 마음이 느껴질 수 있도록, 환경과 함께하는 다양한 컨텐츠를 만드는 것을 의미합니다.

Project Architecture

스치면, 초록 배럴의 컨텐츠는 옥외 설치물을 중심으로 슬로건인 'Barrel Makes Better ____'를 담아 이루어져 있습니다. 옥외 설치물에서 슬로건에 등장하는 범고래를 활용하여 제작한 심볼로고를 볼 수 있습니다.

야립광고

배럴의 이전 블루렌트에 애드워크 형태의 광고를 설치한 야립 광고 입니다. 애트워크 이미지는 배럴의 라이프스타일 웨어와 환경이미지를 콜라주한 아트웍'에 슬로건을 더한 것으로, 친환경을 추구하기 위해 다방면으로 노력을 기울이며, 지속 가능한 올라운드 브랜드로서의 본질을 갖고있는 배럴을 표현합니다.

Project Contents

스치면, 초록 배럴의 컨텐츠들은 배럴의 아이덴티티를 기반으로 제작되어집니다. 매체에 따라 크게 옥외, 영상, SNS로 분류되어집니다. 옥외에서 이루어지는 컨텐츠는 AR을 활용한 옥외 설치물, 야립광고가 있으며, 영상 매체로는 TV나 유튜브에서 활용될 다큐멘터리 광고, SNS에서 이루어지는 것은 가상 인플루언서, 인스타툰, 카드뉴스가 있습니다.

옥외 - AR을 활용한 옥외 설치물, 야립광고
영상 - TV 및 유튜브 다큐멘터리 광고
SNS - 가상 인플루언서, 인스타툰, 카드뉴스

Project Core Value

스치면, 초록 배럴이 전달하고자 하는 배럴의 이미지와 프로젝트의 핵심가치를 키워드로 정리하여 나타냅니다. 각각의 키워드는 현대 어울며 MZ세대와 함께 더 나은 세상을 만들기 위해 노력을 기울이는 배럴을 표현합니다.

| Together 함께하는 | Eco-Friendly 친환경적인 | Youthful 젊은 |

배럴과 고객이 이 프로젝트를 중심으로 한데 어울려 교감하고 소통할 수 있는 컨텐츠를 제작합니다. / 지속 가능한 브랜드로써 제조공정부터 마케팅까지 환경을 생각하는 진실된 마음의 배럴이 온전히 담길 수 있는 컨텐츠를 기획합니다. / MZ세대를 주 타겟층으로 계상하여 그들이 쉽게 접근할 수 있는 매체를 사용합니다.

Project Slogan

환경친화적인 브랜드가 되기 위해 다방면으로 노력을 기울이는 배럴을 표현하는 컨텐츠들이 Core Value를 효과적으로 전달할 수 있도록 슬로건을 제작했습니다. 스치면, 초록 배럴만의 모든 컨텐츠들은 프로젝트가 내세우는 슬로건을 담아 구성되어집니다.

Barrel Makes Better ____
배럴은 더 나은 ____을 만든다.

다큐멘터리 광고

안녕하세요.
저는 배럴 친환경 프로젝트를 진행하고 있는 올리비아 입니다.

프로젝트의 핵심인 친환경에 대한 배럴의 진정성을 전달하는 다큐멘터리형 광고입니다. 친환경에 대한 배럴의 생각과 프로젝트의 계기가 담겨있습니다. 해당 영상은 인터뷰 형식으로 진행되며, '스치면, 초록 배럴' 프로젝트의 담당자 입장에서 진행되고 있습니다.

Promotion Movie

'스치면, 초록 배럴'의 모든 컨텐츠를 담은 프로모션 영상으로 Barrel makes better____과 각각의 컨텐츠가 담고 있는 의미를 한번에 볼 수 있는 영상입니다.

Project Logo

프로젝트 캐릭터와 기존 배럴의 로고를 응용하여, 프로젝트 아이덴티티를 나타낼 수 있는 프로젝트 로고를 제작했습니다. 배럴의 기존 로고 심볼에서 원물 배럴 프로젝트 캐릭터 빙고래로 대체하여, 2팀의 프로젝트와 함께하는 배럴의 이미지를 간접적으로 표현했습니다.

Project Color System

G색상을 베이스로 하고, 톤으로 설정하여 젊고 밝은 이미지와 친환경이 함께 연상되도록 하였습니다.

가상 인플루언서 & 카드뉴스

SNS를 통해 브랜드 가치 확산되고, 평생 변하지 않는 가상의 인플루언서를 통해 친환경과 젊음이라는 브랜드 가치 전달을 목표로 한 가상 인플루언서를 통해 mz세대와 꾸준히 소통하며, 인플루언서의 일상 모습을 통해 친근감을 느껴줌 하여 자연스럽게 배럴이 일상에 스며들게 하고자 합니다.

3팀 프로젝트 소개영상
https://url.kr/i7kbdf

3팀 | 배럴 메타 스토어

프로젝트 개요

3팀은 배럴의 쇼핑 경험 개선을 주제로 모바일에서 기존 경쟁사가 제공하지 못한 새로운 쇼핑 경험을 제공하는 데 초점을 맞추었다. 그 중에도 추천 서비스 및 3D 모델링 등 디지털 기술을 활용하여 MZ 세대를 위한 새로운 피팅 방식을 제안함으로써 모바일 쇼핑 경험을 극대화하는 전략을 제시하였다.

데스크 리서치와 설문조사를 통해 온라인으로 쇼핑하는 고객들이 더 많음을 확인하고 배럴의 쇼핑 서비스를 온라인 위주로 개선해야 함을 인식하였다. 그리고 고객이 온라인 쇼핑을 선호하는 이유는 시간에 구애받지 않는 편의성 때문이므로, 이러한 경험을 극대화하기 위한 새로운 서비스 디자인을 고민하였다.

그 결과, 온라인 쇼핑을 선호하는 MZ 세대를 위해 오프라인의 쇼핑 경험을 온라인에서도 경험할 수 있도록 고객 맞춤 AI 추천 시스템과 3D 피팅 서비스를 기획하였다. 이를 위해 서비스 청사진(Service Blueprint)과 사용자 여정 지도(User Journey Map)를 통해 기존 경험 대비 새로운 서비스가 개선한 편의성과 만족스러운 경험을 전달하고자 하였다.

3팀은 모바일용 UI에 활용될 Sitemap Diagram, 디자인, 무드보드 컬러 등을 개발하였고, 점원 역할을 할 캐릭터와 3D 체형 모델링 및 가상 피팅룸 서비스 등을 기획하였다. 그리고 이를 홍보하기 위한 카드뉴스와 프로모션 무비를 제작하였다. 이를 통해 온라인으로 쇼핑을 하는 MZ 세대 고객의 쇼핑 체험을 확대함으로써 배럴에 대한 브랜드 충성도를 제고하는 전략을 선보였다.

교수자의 평가 의견

3팀은 IT 기술을 서비스 디자인에 적극적으로 활용하여 다른 팀과 차별화된 결과물을 제시한 팀이다. 사실 고객 체형에 따라 가상 피팅이나 모델링을 구현하는 것을 매력적으로 설명하기는 어렵다. 이러한 상황에서 간단한 아이디어를 바탕으로 구현한 구체적인 프로토타입은, 전략을 통해 제안된 서비스를 효과적으로 전달하는 디자인의 효과를 확인하게 해주었다.

입지 않고 입어보세요

BARREL
META STORE

한경대학교 X BARREL 산학협력 프로젝트 _3TEAM

김호수 | hosu248@gmail.com | 경영 | Team leader, Process directing
김유리 | uooo80514@gmail.com | 디자인 | Journey map, UI
김현인 | guswls0403@gmail.com | 디자인 | Motion
박세영 | psr8867@gmail.com | 경영 | SNS Cardnews
이원엽 | rudddiuq420@gmail.com | 디자인 | AD Poster, UI, Character
전인수 | paper85575@gmail.com | 디자인 | 3D Modeling, Character

BACKGROUND

코로나 19로 오프라인 쇼핑이 조심스러운 요즘 온라인 쇼핑의 비중이 더욱 높아지고 있다.

온라인 구매의 큰 단점이다. 상품을 직접 만져보고 입어보아야 정확히 알 수 있는 정보를 지금은 얻을 수 없다.

정보가 너무 많아서 선택하지 못하거나 정작 필요한 정보를 구하지 못해서 많은 기회비용을 낭비하게 되고 전문의류에 대한 지식이 없어서 놓쳤다.

SERVICE BRIEF

우리가 지금까지 '미래'라고 생각했던 기술들을 사용해서 배럴의 오프라인 매장을 온라인에 가져다 놓는 것이다. 현재 상용화 가능한 기술들을 사용해서 오프라인과 온라인의 간극을 줄여보고자 한다.

CORE VALUE

경제성 / 편리성 / 경험

온라인 쇼핑 비율 증가로 오프라인 관리비용 절감 AI 개인 추천으로 비주얼 라인이 제품정보로 매출 증가와 재고 정리

전문의류에 대한 지식 없이도 쇼핑에 시간과 노력을 아껴주어 고객에게 가장 적합한 상품을 선택하는 새로운 쇼핑 신규고객 유입

기존의 온라인 쇼핑과 차별화된 맞춤형 서비스와 커스터마이징이 가능한 3D 피팅 서비스로 고객의 충성도 확보

TARGET

신규 고객
전문의류에 대한 지식이 부족해서 진입장벽에 부딪히고 쇼핑에 대한 투자가 비교적 적은 고객

충성 고객
전문의류에 대한 지식이 있으나 기존 쇼핑 방식에 불편함을 느끼고 새로운 쇼핑 경험이 필요한 고객

MOOD BOARD

CONCEPT : METAVERSE

Metaverse을 주제로, Cyber를 무드로 작업했다. 남녀 제셉의 배경에서 시안 블루부터 퍼플까지 색상으로 배럴의 온라인에서 오프라인 서비스를 즐길 수 있는 서비스의 이미지 표현했다.

CHARACTER

배럴의 온라인 쇼핑 가이드 매치비는 소비자에게 AI 비서의 역할을 온라인스토어 오프라인 매장 직원의 역할을 수행한다.

1. 서비스 사용 용도
2. 고객 맞춤 상품 추천
3. 1:1 상담 서비스
4. 메타 피팅을 안내

MOBILE UI

DIFFERENCE

AI와 캐릭터로 메타버스에 들어온 것 같은 경험을 사용자에게 전달해서 새로운 쇼핑 경험으로도 충성도를 확보할 수 있다. 사용자가 3D 피팅을 할 때 사진 촬영을 안 하기 때문에 부담이 없고 목표 체형을 미리 확인할 수 있어서 체형에 대해 동기부여가 된다.

PERSONA

김유나 MZ세대
27세 여
2년차 직장인

#시간 부족
#정보 부족

전문의류에 대한 정보가 부족해서 쇼핑에 필요한 데이터 수집에 많은 노력이 소요된다. 힘들게 온라인에서 옷을 받아도 입어보지 못하는 비접촉성 때문에 실망하는 경우가 잦다. 체형관리를 기본, 올해는 바디 프로필에 도전하고 싶으나 강한 동기부여가 필요하다.

PROMOTION MOVIE

META FITTING ROOM

USER JOURNEY : AS IS

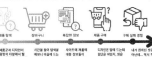

CHALLENGE

1. CONTRIBUTION

메타 피팅룸을 활용한 챌린지이다. 이 챌린지는 스스로 목표 체형을 설정하고 눈으로 확인할 수 있는 배럴의 메타 피팅룸과 SNS를 통해 스스로를 가꾸고 긍정적인 에너지를 다시 사회에 환원하는 과정을 통해 더 건강한 사회를 만드는데 공여한다.

2. CARD NEWS

USER JOURNEY : TO BE

4팀 프로젝트 소개영상
https://url.kr/3nadfv

4팀 | 애슬레저 브랜드 배럴핏 플러스

프로젝트 개요

4팀은 오프라인 매장 경험 개선을 중심으로 최종 결과물을 제안하였다. 배럴의 쇼핑 경험에 대한 문제점 인식과 더불어 패션업계의 거시적인 동향과 소비패턴의 변화를 동시에 고려함으로써 MZ 세대에 대한 쇼핑 및 구매 특성을 반영한 체험 공간과 프로세스를 제안하였다.

다양한 조사방법을 활용한 결과, 새로운 형태의 쇼핑 채널들이 대거 등장함에 따라 소비자의 구매패턴은 더욱 다양하고 복잡하게 변화하여 소비자들에게 각인될 수 있는 의미 있는 연상과 새로운 쇼핑 모델의 적용이 필요하다고 보았다. 이를 효과적으로 전달하기 위해서는 오프라인 매장 경험을 강화하고, 온/오프라인 연계를 중요한 개선점으로 인식하였다.

모바일 쇼핑에 익숙한 MZ 세대를 위해 고객이 일정 기간 제품을 경험한 후, 제품을 실제 구매하는 혁신적인 프로세스를 제안하였다. 일반적인 쇼핑 프로세스는 제품에 대한 제한된 정보 수집과 경험 후 제품을 구매하는 것이지만, 4팀의 서비스 제안은 고객이 제품에 대해 충분한 체험을 한 후 구매할 수 있도록 최고의 고객 만족을 주는 것이 목표이다.

4팀은 서비스 청사진과 사용자 여정 지도 등을 활용하여 온라인 검색 후 오프라인 체험으로 연결되어 구매하는 경로를 제안하였다. 특히 보증금 기반 신제품을 경험해보고 구매하는 프로세스를 지원하기 위해 다음 결과물을 제안하였다. 모바일 UI를 구현하기 위한 세부사항으로 BI, 광고 제작을 위한 스토리보드, 프로모션 무비 등을 제작하고, 매장 공간 브랜딩으로 "배럴핏+ 그라운드" 서비스 공간에 대한 프로토타입과 세부 실행전략을 제시하였다.

교수자의 평가 의견

팀 활동 시 가장 다양한 환경 변화와 패션 트렌드에 대해 논의하여 가장 감성적인 콘텐츠가 나온 팀이다. 또한, 선 체험-후 구매 방식의 제안은 소비자 행동 이론을 신규 제품 라인에 적절하게 적용함으로써 효과적으로 초기 시장 확대를 노렸다는 점에서 획기적인 아이디어인 것 같다. 다만 계절성과 재고 부담이 큰 패션업계 입장에서 초기 실행 시 많은 재무/환경 비용을 부담해야 하는 측면이 반영되지 못한 점이 아쉬웠다.

당신과 함께 [   ] 완성하다!

BARREL FIT+

OVERVIEW

물에서 강했던 배럴, 육지로 올라오다!

COVID-19로 인해 집에 머무는 시간이 늘어나면서 '홈트레이닝 열풍'이 불어옴과 동시에 의류시장에서는 애슬레저 분야가 유일한 성장세를 보였다. '배럴핏+'는 수많은 애슬레저 브랜드의 획일화된 구매과정을 개선하고자 하며, 핏과 착용감을 중시하는 애슬레저 구매 고객들의 특징을 바탕으로 '체험을 통해' 보다 더 나은 제품의 선택을 제공하며 쇼핑 경험을 개선하고 워터스포츠 분야에 국한된 배럴의 브랜드 이미지 및 가치 재고를 목표로 한다.

BRANDING

실천하는 · 신뢰있는 · 다재로운

트라이슈머

MZ 세대 / 애슬레저

주 타겟의 특성을 파악하여 온&오프라인을 통해 다양한 '선' 경험을 제공하며 제공된 다양한 선경험 공간, 컨텐츠, 서비스를 통해 구매 전, 배럴핏에 대한 풍부한 정보를 제공받을 수 있습니다.

101%를 충족하는

기존 '배럴핏'과 구매 경험을 풍부하게 해줄 '배럴핏+'가 만나 우리가 추구하는 101%를 충족하고자 합니다.

Key Question

고려할 점이 많은 애슬레저, 효율적인 구매방법은?

<배럴핏+>는 배럴의 회원이라면 누구나 체험을 신청할 수 있으며, 열흘간의 체험기간 중 자유롭게 체험을 종료하고 반납 혹은 구매확정을 선택할 수 있습니다.

체험신청 · 제품수령 · 반납 또는 구매확정

높은 오프라인 선호도, 어떻게 충족시킬 수 있을까?

<배럴핏+ Ground>에서는 기존 배럴의 플래그십 스토어를 재구성하여 설계한 공간으로 색다른 피팅 경험을 제공하며 스튜디오 존의 프로그램 등을 통해 배럴핏에 대한 높은 수준의 브랜드 경험을 제공합니다.

피팅&포토존 · 리퍼비시존 · 스튜디오존

배럴은 앞으로 어떻게 진정성을 보여줄 수 있을까?

체험 서비스를 통해 반납된 제품들을 리퍼비시 제품으로 활용합니다. 오직 오프라인 매장 '배럴핏+ Ground' 내 리퍼비시 존에서만 판매되며 배럴의 환경적 신념을 실천하며 배럴의 브랜드 메시지를 더욱 견고히 합니다.

PERSONA

최민하(24)

최근 운동에 관심이 생겼는데, 뭘 입어야할지 잘 모르겠어요.

일상생활에서 입을 수 있고, 사진찍었을 때 트렌디해 보이는 운동복을 가지고 싶어해요. 이왕이면 가치있는 소비를 추구하며 상품제공 등 광고가 아닌 믿을 수 있는 양질의 정보를 원한다.

Concept Breif

비슷한 디자인과 가격으로 경쟁하고 있는 애슬레저 시장 속에서 <배럴핏+>는 고객들이 먼저 경험해보고 구매를 결정할 수 있는 시간을 제공합니다.

신체고민
"몸에 딱 달라 붙는 옷이라 내 신체고민이 드러날까봐 걱정돼."

이미 정착한 브랜드
"다른 브랜드도 입어보고 싶은데 미리 입고 움직여봐 순 입을까?"

믿을 수 없는 광고 후기글
"협찬, 광고 후기가 너무 많아. 직접 입어봐야 알 것 같아!"

PROMOTION MOVIE

피팅&포토 존
마음에 드는 배럴핏 제품을 골라 자유롭게 피팅도 하고, 사진도 찍어보세요!

배럴핏 존
배럴핏의 모든 제품들을 자유롭게 둘러보고 시착할 수 있는 공간이에요.

피팅&포토 존
쾌적하고 넓은 피팅룸과 트렌디한 포토존을 융합한 문화공간이 준비되어 있어요.

이벤트 존
배럴네컷 사진 촬영을 할 수 있는 공간을 제공해요!

리퍼비시 존
오프라인에서만 만나볼 수 있는 배럴핏 한정 리퍼비시 제품들을 체험하고 구매할 수 있어요.

스튜디오 존
정기적으로 운영 예정인 자세&체형 교정 프로그램을 체험하실 수 있는 공간으로 리퍼비시 체험도 가능해요!

뱃살이 너무 부각되면 어쩌지? 불편하면 어쩌지? 애슬레저 제품은 구매하기너무 고민스러워

제품을 체험하고 구매를 결정할 수 있다고? 한 번 체험해볼까?

오프라인에서는 체험 분석도 해주네! 입어보고 움직여 볼 수 있다니 너무 좋다!

구매 전에 먼저 입어보고 결제할 수 있다는거 정말 큰 메리트인 것 같아! 색다른 쇼핑 경험이었어 :)

5팀 프로젝트 소개영상
https://url.kr/aolzcf

5팀 | 배럴 환경 캠페인

프로젝트 개요

5팀은 친환경 가치 구현을 주제로, 배럴을 친환경 기업으로 변모하기 위한 친환경 캠페인을 기획하고, 구체적인 제품 재고 해결 방안 도입, 참여 확대를 위한 지역 사회 연계 활동, 홍보 활동 등을 기획하여 새로운 친환경 브랜드의 아이덴티티를 제시하고자 하였다.

데스크 리서치와 필드트립 결과, 배럴 브랜드에는 일회성 친환경 캠페인만 있을 뿐 기업 가치로서의 진정성이 보이지 않았음을 확인하고, 그 점을 파고들었다. 친환경에 대한 지속적인 방향성이 잘 보이지 않으며, 종업원이나 고객 또한 친환경 활동을 인식하는 부분이 없는 것으로 나타났다.

이에 기존 친환경 제품과 캠페인에 만족하지 못하는 고객을 위해 손쉽게 친환경을 실천하고 소비자가 더 적극적으로 참가할 수 있는 친환경 캠페인을 기획하였다. 실제 생활에서 지속가능한 친환경을 실천할 방법을 제시함으로써 배럴의 브랜드 경쟁력 및 충성고객에 의한 장기적인 수익을 창출하고자 하였다.

5팀은 BX 디자인과 마케팅 캠페인 기획서를 활용하여 재고를 이용한 업사이클링, 지역 사회 기부 활성화, SNS를 활용한 MZ 세대와의 친환경 가치 공유 등을 제안하였다. 특히 제품의 재활용, 지역 사회와의 연계 활동, 최종적으로는 캠페인 효과의 확대를 위한 세부 실행전략을 연계하였다. 이외에도 PR과 광고 스토리보드 등으로 해당 활동을 극대화하기 위한 홍보 활동을 기획하였다.

교수자의 평가 의견

5팀은 경영학 전공 학생들이 중도에 수강 철회한 사례가 있어, 진행 상황에 대해 우려가 되는 팀이었다. 실제로 학기 초반부에는 어떻게 진행해야 할지 몰라 우왕좌왕하기도 했으며, 여러 가지 아이템을 추진했다가 다시 접고 새로 시작하기를 반복했다. 그럼에도 불구하고 최종적으로 전략은 단순하지만, 브랜딩은 가장 잘 이해한 결과물을 제출하였다. 브랜드 아이덴티티를 고객들에게 정확하게 전달하기 위해서는 실행전략 간 유기성과 진정성이 뒷받침되어야 한다는 점이다.

GET BARREL BE BETTER

#바다우렁각시 #어제보다 #더나은 #내일

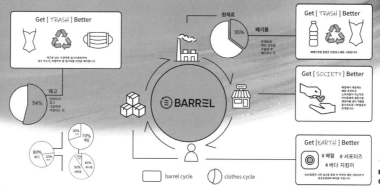

Get [TRASH] Better

원재료

Get [TRASH] Better

35% 폐기물

Get [SOCIETY] Better

54% 재고

BARREL

Get [EARTH] Better

배럴 # 서포터즈
바다 지킴이

80% 폐기   20% 재사용   30% 매입   70% 매입   10% 50% 예사용   40% 재사용

barrel cycle   clothes cycle

Product Life Cycle

BRAND BACKGROUND

팔방인 친환경에 현혹되지 않는 소비자

워터스포츠 브랜드로만 인식된 배럴

일회성으로 끝났던 기존 친환경 캠페인

브랜드의 아이덴티티와 행동은 함께 가야 합니다.

친환경 캠페인을 확대하여 배럴을 친환경 브랜드임을 인식하도록해야합니다.

재고 해결 방안을 도입하여 '새로운 것을 만들지 않는 기업' 새로운 아이덴티티를 제시합니다.

우리의 산업이 바다에게 가장 큰 위협이 되고 있습니다.

배면에서 시작한 배럴은 이제 바다로부터 받은 것을 돌려주는 기업이라 합니다.

한 사용은 책임자와, 광고가 뒤이으는 파도처럼 지속가능한 미래를 꿈꿉니다.

BRAND GOAL

' NO MORE NEW '

더 이상 새로운 것을 만들지 않는다

O 소비자들은 이제 팔뿐인 친환경에 현혹되지 않습니다. 브랜드의 아이덴티티와 행동은 함께 가야 합니다.

O 재고 해결 방안을 도입하여 '더이상 새로운 것을 만들지 않는 기업' 이라는 새로운 친환경 캠페인을 제시, 일회성으로 끝났던 배럴의 기존 친환경 캠페인을 확대

BRAND ISSUE

배럴은 MZ세대가 열광하는 친환경 기업이 되고 싶지만 친환경 기업임을 알 수 있는 아이덴티티가 부족합니다.

배럴은 바다로부터 태어난 존재지만, 우리의 산업이 바다에게 가장 큰 위협이 되고 있다는 걸 알고 있습니다.

친환경을 강조하는 새로운 브랜딩과 마케팅 구축 필요!

BRAND CORE VALUES

✅ PARTICIPATION
소비자 주도적인 친환경 전략을 통해 보다 적극적으로 친환경에 관심을 가지고 실천할 수 있도록 합니다.

✅ ECO FRIENDLY
공생 하며 살아가는 자연에 우리 모두가 좀 더 깊은 관심을 가지도록 합니다.

BRAND CONCEPT

① 지속가능한 SUSTAINABLE
② 협동하는 COOPERATE
③ 행동하는 ACT
④ 영감을 주는 INSPIRATION
⑤ 개성있는 UNIQUE

DIFFERENTIATION

① 소비자가 함께 예들어가는 친환경 정책으로 소비자를 더 주체적으로 배럴을 통해 환경에 개입합니다.

② 녹색/경지 등 획일화된 에코 디자인에서 벗어나 검정색으로 세련되고 트렌디한 무드를 내세웁니다.

③ 해양오염율을 중심적으로 다루는 친환경 기업으로 리브랜딩을 가지며 보다 전문적인 이미지를 구축합니다.

Brand Symbol

Brand mission

GET BARREL BE BETTER

우리는 지구의 보다 나은 미래를 위하여

브랜드 따라인 BARREL이 세상에 존재하는 이유를 의미합니다. BARREL은 모든 활동이 친환경적 상품을 개발하고 지구를 생각하며 BARREL 이야기에 어제보다 모두, 오늘보다 내일 더 나은 미래를 만드는 브랜드의 미래를 달성하기 위한 것입니다.

ECO SYSTEM

Verbal Identity

간결하지만 정중한 어조   솔직한 / 진술한 어조   꾸밈없는 어조

소비자와 우리 브랜드와 쉽게 다가오도록 합니다   소비자에게 바다의 소중함을 친환경에 대한 관심을 권유합니다   기업과 소비자라는 위협을 벗어나고 거래를 권유 될 수 있도록

CARD NEWS

QR

WEB

MOTION VIDEO

6팀 프로젝트 소개영상
https://url.kr/t1a4b2

6팀 | 배럴 히어로즈 캐릭터

프로젝트 개요

6팀은 기존 스타 마케팅을 활용한 일시적인 브랜드 인지도 향상 방식을 개선하고자, 지속적인 브랜드-고객 간 관계 형성을 중심으로 한 전략을 제시하였다. 현재 기업이 실행 중인 SNS 채널을 활용한 일방적인 소통의 한계에서 벗어나, 고객들이 다양한 시각적 정보와 재미를 즐길 방법을 고민하여 인지도와 더불어 브랜드에 관한 관심과 참여 증대를 꾀한 것이다.

6팀은 다양한 조사 방법 외에도 SNS 마케팅 활동을 중심으로 문제점을 분석하였다. 그 결과, 기존에 성공적으로 SNS를 활용하는 기업은 고객과의 인터렉티브한 소통이 중심이 되는 반면, 배럴의 SNS는 제품홍보에만 초점이 맞추어져 있는 정보형 게시글이 대부분이었기 때문에 고객 참여형 이벤트의 비중이 현저히 적다는 것을 확인하였다.

이러한 문제점 해결을 위해 사용자가 브랜드와 오래도록 소통할 수 있고, 기억에 남는 콘텐츠를 즐길 수 있는 소통 창구를 마련하고자 배럴 대표 캐릭터의 활용을 제안하였다. 목표 고객으로 MZ 세대 내에서도 재미와 귀여움을 추구하는 펀슈머와 키덜트 시장을 선정하여, 배럴의 이미지를 떠올릴 수 있으면서도 소비자의 관심을 유발할 수 있는 캐릭터 프로토타입과 디자인 요소를 개발하였다.

브랜드 캐릭터, BX 디자인, 프로젝트 무비, 이를 활용한 굿즈 및 PR 기사 등을 제작함으로써 배럴 브랜드와 제품 특성을 은유적이고 상징적으로 표현하였다. 최종적으로 캐릭터가 전달할 수 있는 비주얼, 스토리, 세계관 등과 브랜드의 의인화를 연계하여 장기적인 마케팅 비용 절약 효과 및 브랜드 인지도 상승을 기대할 수 있다.

교수자의 평가 의견

6팀은 분석적인 내용을 바탕으로 팀이 제시하고자 하는 내용을 논리적이고 효과적으로 전달하는 데 공을 들인 팀이다. 이 팀은 전형적인 PT 전개 방식보다는 청중들의 관점에서 서사를 풀어나가는 식의 PT로, 전달방식을 여러 번 교체하는 등 발표에 대한 진정성이 보였다. 특히 공들여 만든 캐릭터 홍보용 영상은 시제작(mock-up) 수준을 넘어 큰 수정 없이 방송으로 내보내도 좋은 정도의 수준 높은 콘텐츠였다.

Dabble in Barrel Series,

BARREL HEROES

한경대학교 학제간 융합수업
이창현 | changhyunlee96@gmail.com
김승환 | zzsx8482@naver.com
김하연 | hayeong019@gmail.com
한유진 | atdfyujin@gmail.com
김병준 | gudtwis1315@naver.com

PROJECT GOAL

Effects

'호감형 캐릭터에 정서를 투영하고 이세 스토리에 몰입 ——— MZ세대의 관심 확보   지속적인 애정과 관심을 기대할 수 있는 캐릭터 ——— 광고 및 매출 상승

고객에게 효과적으로 정체성을 심음 ——— 브랜드 인지도 극대화

BX

Core Value

FUN 재미있는   FRESH 세련된 신선한   DYNAMIC 역동적인

Logo

끝이 사각지며 기울어진 영어 서체 'Stable'을 이용하여
직관적이면서 에너지 있고 밝은 브랜드 아이덴티티를 전달합니다.

Differentiation Points

브랜드와 제품 특징을 상징화했습니다.
독특한 세계관과 스토리를 시각화했습니다.
플랫폼을 통해 고객과의 상호작용을 극대화했습니다.

Color

배럴의 메인컬러인 블루 색상으로 아이덴티티를 나타내고자 하였고,
화이트로 활용도 있게 설정하였습니다.

Blue
#17B0E9
RGB (23, 176, 233)

White
#FFFFFF
RGB (255, 255, 255)

Design Principle

DYNAMIC 역동적이고 재미있는 아이덴티티

BRIGHT 밝고 생동감 넘치는 디자인

INTUITIVE 직관적인 컨셉 전달과 명료한 아이덴티티

Character

연어에 진심인 진지 곰
물고기를 다 좋아하지만 그 중 가장
좋아하는 것은 연어

서핑 만렙 원숭이
꿀을 바나나보트만 있다면
어디든 갈 수 있어

깨밟은 맥주병 고양이
수영을 못하면 연어는 먹고싶어
저기, 꼴 좀게 연어올래?

집들이 핵발레 생취
지의 덕분에 꼴 트라우마를
극복 중인 파워 1형

CHATACTER PLANNING

Prodction Background

캐릭터와 브랜드의 매칭

• 시원/친환경적 이미지를 동시에 보여주는 동물 캐릭터
• 매년 컨셉 애니메이션을 통해 트랜드를 잡고 캐릭터에 브랜드가 먹히는 것을 방지

캐릭터를 좋아하는 컨슈머 타깃팅

• MZ세대의 성장
• 키달트 시장의 확대와 컨슈머들로 인해 캐릭터 시장이 크게 성장

브랜드 대표 이미지 구축

• 스타마케팅으로 인한 단발성 인지도
브랜드 가치의 하락을 초래하는 부작용
• 캐릭터 이미지가 강해지더라도 기업의
역량에 따라 제어가 가능

Basis

스타마케팅 이전, 이후 영상의 조회수를 비교했을 때 스타마케팅으로 잠시 유입된
구독자가 지속적인 배럴의 사용자가 되자는 않았습니다.

스타마케팅 이전, 영상의 평균 조회수는 인물 후인이나 가까를 도입해도 약 900회였다
브라이브 걸스 스타마케팅을 브랜드이 걸스의 영상 평균 조회수는 57,000회도 동시에
올라온 다른 영상들의 조회수는 평균 약 1,960회로 이전에 비해 두배로 된 것으로 보인다
하지만 이후 영상 조회수의 평균은 1,650회로 다시 떨어지고 있으며, 이하에도 들은
난달한 조회수 이이를 보이는 컨셉 운동 영상 1개를 제외하면 평균 720회로 게시 kz는
생각해도 크게 늘지 않았음을 할 수 있다.

2021 스타마케팅 이전 영상 평균 조회수   약 900회

스타마케팅 중 영상 평균 조회수   약 1,960회

스타마케팅 종료 후 영상 평균 조회수   약 720회

2020 캐릭터 산업백서의 설문 내용을 근거로 했습니다.

1. 최근 1년 캐릭터 상품 구매 경험

없음 14.4%

있음 85.6%

2. 최근 1년 캐릭터 상품 구매 시 고려사항(1+2순위) (단위 %)

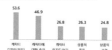

53.6	46.9	26.8	26.3	24.8
캐릭터 디자인(외모)	캐릭터에 대한 호감	캐릭터 인지도/인기	상품의 품질	상품의 가격

FUTURE USE

Planning

12월	1월	2월	3월	4월	5월
배럴 캐릭터 이름 공모전	배럴&스우파 콜라보 댄스	배럴 친환경 콘텐츠 지구를 지켜줘	봄 기념 배럴 한정판 캐릭터 굿즈	배럴 캐릭터 SNS이벤트 배럴 툰 출시	배럴 캐릭터 전시회 캐릭터샵 오픈

Goods

VIDEO

배럴 캐릭터 크리스마스 굿즈	겨울 옷 추우 배럴 캐릭터 겨울나기 대직전(배럴 옷과 함께)	겨울 옷 정리 꿀팁 우리가 지구도 지키자만, 공간도 지켜요!	봄 나들이를 떠난 배럴 캐릭터 플레이 리스트	빛꽃 여행용 간 배럴 히어로즈 쓰레기 투기 문제를 고발하다	메타버스 플랫폼 캐릭터 친화(동물의 숲, 마크, 제페토)

7팀 프로젝트 소개영상
https://url.kr/4q8fv3

7팀 | 배럴과 함께 연대, 공유, 도전 캠페인

프로젝트 개요

7팀은 배럴의 차별적인 콘텐츠 개발을 목표로 하여 MZ 세대에게 어필할 수 있는 참여형 콘텐츠를 개발하고, 이를 다양한 온라인 매체에 적용하여 배럴의 새로운 브랜드 아이덴티티를 만들어내는 데 역점을 두었다. 이를 위해 도전, 연대, 공유라는 가치를 전달할 수 있는 친환경 캠페인, 즉, 참여형 콘텐츠를 기획하였다.

데스크 리서치를 통해 기업 브랜드 콘텐츠가 기업성과에 미치는 다양한 영향력에 대해 확인하고, 필드트립의 시사점을 통해 친환경에 대한 소구만으로 소비자의 니즈를 충족하기엔 어려우며 체험 공간으로서 오프라인 매장의 역할이 크다는 것을 확인하였다.

새로운 콘텐츠를 경험해보고 싶은 MZ 세대를 위해 기업과 소비자 간의 상호작용이 가능한 참여형 콘텐츠를 개발하여, 기업과 소비자가 함께 참여하는 과정을 통해 브랜드의 가치를 공유할 수 있는 배럴만의 콘텐츠를 개발하고자 하였다. '배럴 크루'를 통해 '원데이 배럴' 챌린지로 고객 참여를 유도하여 챌린지와 이를 지원하는 기업 브랜드에 대한 가치를 자연스럽게 노출하고자 하였다.

프로모션 무비, 인스타그램 카드뉴스, 캐릭터 디자인, 커뮤니티 운영 기획안, PR 기사 등을 통해 브랜디드 콘텐츠라는 새로운 개념을 제안하였다. 이는 유용한 콘텐츠 안에 자연스럽게 서비스를 노출시키는 방식이다. 친환경 캠페인에 대한 소비자의 공감과 흥미를 통해 자발적인 공유에 이르는 것으로 배럴의 브랜드 가치를 전달하고자 하였다.

교수자의 평가 의견

이 팀의 결과물은 '배럴 크루'라고 하는 내부 메신저를 통해 핵심 콘텐츠를 전달하겠다고 제안한 부분이 다른 팀과는 차별성이 돋보이는 점이었다. 이는 목표 고객에게 강한 동기부여를 제공하기 위한 친환경 캠페인의 효과를 기대하는 것으로 보인다. 이는 캠페인과 브랜드 인지도 측면에서 매우 뛰어난 효과가 예상되지만, 실제 자연스러운 브랜드 노출을 위한 세부 기획요소와 디자인 요소 간 매치가 중요한 선결 요건이며, 큰 비용 지출이 예상된다.

DO BARREL

연대 SOLIDARITY **도전 CHALLENGE** **공유 SHARE**

0% — 25% — 75% — 100%

목표 제시
사용자는 자신에게 필요한 정보만을 취한 후 목표를 지정합니다.

챌린지 참여
챌린지를 통해 자신의 목표를 꾸준히 실천할 수 있도록 돕습니다.

공동 목표 달성
공동 목표를 설정하여 사용자들에게 동기 부여를 자극합니다.

배럴 크루
여러 사람들과 함께 참여하고 배우며 소속감과 책임감을 부여합니다.

MZ NEEDS

환경 관련 챌린지·캠페인에 직접 참여하고 싶어요!
환경 관련 콘텐츠 정보를 찾아보고 공부하고 있어요. 공부에만 그치는 것이 아닌 챌린지 참여를 통해 실천하고 싶어요!

이벤트, 챌린지는 인스타라이브가 편해요!
쉽고, 빠르게 올릴 수 있고 하나로 자동으로 지워져서 부담없이 올릴 수 있어요!

Marketing Strategy

브랜드와 소비자 간의 경계없는 콜라보레이션

ATL — 일방적으로 소통하는 방식의 광고 4대매체(TV, 잡지, 신문 등)

BTL — ATL를 제외한 모든 마케팅 소비자와 '쌍방향 소통'

참여형 콘텐츠 — '참여'를 기반으로한 경험을 제공

배럴의 가치가 녹아든 브랜디드 콘텐츠

BARREL — '배럴하다' 가치 성립

Branded Contents — 직접적인 홍보가 아닌, 간접적 홍보 및 노출

Audience — 유익하고 재미있고 거부감을 없이 전달

Movie

DO BARREL

With BARREL

Oneday_Barrel

Challenge

인스타그램을 통해 오늘 올라온 챌린지를 확인해보세요. 매주 올라오는 챌린지를 확인하고 직접 참여하며 자신의 생활을 바꿔줄 수 있어요. 챌린지를 통해 재미있게 활동해보세요!!

인스타그램

1 일정 및 참여방법 확인하기
하이라이트에 모두가 바로 확인 할 수 있도록 공지합니다.

일정 공유 / 참여 방법

2 해시태그 달고 챌린지 업로드하기
자신의 인스타그램 스토리에 @do barrel 를 태그하고 당신의 도전을 업로드 해주세요!

챌린지 설명 / 챌린지 설명

3 목표 달성하고 혜택 받기
공동목표를 달성하면 혜택 받을 수 있는 인원이에요! 목표를 달성 해 보세요!!

목표확인 / 혜택 확인

Contents

MZ세대를 세대를 대상으로 공동 목표를 실행 할 수 있도록 정보, 동기부여성 콘텐츠를 제공한다.

Barrel Crew

Class

참여, 연대, 도전이라는 키워드로 묶여 '배럴한' 일상을 살아가는 사람들을 위한 커뮤니티 형성을 통해 건강하고 새로운 문화를 지원하고 긍정적인 관계를 형성해 나갑니다.

활동 방법
1 개인 챌린지 수행
2 오프라인 단체 미션

활동 내용
1 크루 환영식 및 오리엔테이션, 각 팀별 다양한 콘텐츠 회의 진행
2 일정 별 공동 활동 수행
3 크루 대상 스포츠 행사 및 이벤트 참여, 콘텐츠 제작 기회 제공
4 활동 기준 충족시 수료증 및 할인권 지급, 배럴 제품 제공

크루 일정/ 신청 방법 확인
하이라이트에 모두가 바로 확인 할 수 있도록 공지하여, 구글 폼을 활용하여 쉽고 빠르게 신청서를 제출 할 수 있습니다.

PostCard

크루활동에 참여하면 크루원들의 활동 모습을 그려서 한분, 한분 엽서로 제공해 드려요.

제 8장
교수 성찰과
시사점

본 장에서는 본 융합수업의 교수 활동을 성찰하고 시사점을 확인하고자 한다. 교수자들의 자전적인 회고, 학습자의 강의 평가 결과 그리고 비대면 교육 환경에서의 교수 경험을 살펴본다.

8-1

교수자의 팀워크를 돕는 소통

다른 해 보다 2021년에 진행한 융합교육의 교수자 간 팀워크가 더 좋다고 느꼈다. 교수자와 수업에 참여한 기업체의 구성원 간에 자연스러운 분업, 책임, 약속이행이 지극히 원만했다. 융합수업의 준비와 운영은 타 수업보다 수고롭기 마련인데, 교수자 간의 잦은 소통이 큰 도움이 되었다. 수업을 운영하는 기간 동안, 매주 수업 전날 밤과 수업 당일 수업 직후에 교수자 간 회의가 있었다.

수업 전날 밤에는 다음 날 진행할 수업에 대해 1) 준비 사항을 점검하고, 2) 상세한 운영 계획을 수립하고, 3) 학습자의 과제 수행에 대한 점검 여부를 확인했다. 매주 회의가 거듭되면서 수업 운영의 루틴이 되어 점차 짧은 시간 동안 많은 내용을 논의할 수 있게 되었다. 여러 교수자가 한 수업을 운영할 경우 이와 같은 회의가 매우 필요하다.

수업 직후에는 2명의 교수자와 1명의 기업체 전문가가 여러 팀을 순환 지도 하면서 기록한 팀별 지도일지 내용을 토대로 수업 회고 회의를 했다. 팀별 지도일지는 주차별, 팀별, 지도 교수자별로 적도록 스프레드시트 문서로 관리했다. 이 수업 회고 회의에서는, 1) 오늘 수업에서 잘된 점과 아쉬운 점을 논의하고, 2) 팀별 지도 결과를 공유하여 팀별 지도의 방향에 혼선이 생기지 않도록 조율하고, 3) 활동이나 진도가 부진한 팀을 파악했다. 여러 교수자가 부진한 팀으로 지목한 팀의 팀 활동 동영상을 모니터링하여 과제물과 차시 수업에 노력을 더 기울였다. 이 수업 회고 회의는 수업을 원만히 진행하는데 유효했다. 특히 부진하거나 소극적인 팀에 교수자가 집중적으로 개입하는 등 팀별 프로젝트를 효과적으로 지도하는 데 큰 도움이 되었다.

8-2

수강생 자기성찰과 강의 평가 분석

융합수업은 수강생들에게 매우 낯선 경험이기 때문에 수강생의 자기성찰과 강의 평가는 매우 중요한 교육 활동이다. 평가 활동에서 교수자가 확인하고 싶었던 내용은, 1) 학습자가 자기성찰을 통해 이 수업의 학습 목표를 올바르게 인식하는지, 2) 팀 활동에 문제가 없는지, 3) 강의 평가를 통해 본 수업이 어떻게 학습자에게 전달되는지, 4) 비대면 환경에서 학습자의 현황에 관한 것이었다. 본 수업과 관련된 자기성찰과 강의 평가는 5주 차, 15주 차에 총 2회를 시행했고 학습자는 이에 대해 무기명으로 응답했다.

구분	긍정/부정	설명
자기 성찰	우수 학급 구성원, 우수 팀원을 선정하여 칭찬 자기 자신 포함 가능	우수 학습자를 칭찬해 각각의 구성원이 우수 학습자가 되도록 독려
	학습자 스스로 대인관계 역량 평가 ▪ 나는 그룹 활동에 적극적으로 참여하였다. ▪ 나는 다른 사람의 의견을 경청하였다. ▪ 나는 유용한 정보를 찾아 제공하였다. ▪ 나는 다른 구성원들과 협력하였다. ▪ 나는 다른 구성원을 칭찬하고 격려하였다.	학습자 스스로 자신이 팀에 어떻게 기여하는지 성찰하게 하고, 좋은 팀원이 되기 위한 가이드를 전달함
	팀워크 현황 점검 ▪ 모든 구성원이 그룹활동에 적극적으로 발언한다. ▪ 서로의 의견을 경청한다. ▪ 모든 구성원이 유용한 정보를 찾아 제공한다. ▪ 타과와 적극적으로 협력한다. ▪ 모든 구성원이 서로 칭찬하고 격려한다.	각 팀의 현황을 살펴보고 팀워크가 원활하지 않은 팀에 대해 교수자가 개입하여 팀워크를 촉진하고자 함
	팀 활동의 장애, 어려움, 극복 방법에 대한 서술식 응답	팀워크 현황 파악
	나는 10점 만점에 몇 점의 팀원인가?	팀원으로서 학습자 자신에 대한 성찰
	자기관리 ▪ 매주 계획을 수립하고 이에 맞추어 생활하고 있다. ▪ 나는 과제를 지속적으로 수행하고 있다. ▪ 타 학과의 지식을 능동적으로 학습하고 있다.	학습자의 학습 태도에 대한 자기성찰 확인
	내가 이 수업을 통해서 배운 것, 강화된 역량, 나에게 생긴 변화를 자유롭게 서술.	학습자의 수업 성과와 변화에 대한 자기성찰 확인
강의 평가	강의 평가 ▪ 교수자는 학습 목표를 반복하여 명확히 이해시켰다. ▪ 플립드 러닝은 본 수업을 수강하는 데 도움이 된다. ▪ 교수자의 강의는 유익하다. ▪ 수업 활동은 문제해결이나 과제수행에 도움이 된다. ▪ 수업 진행 속도 및 밀도는 적절하다. ▪ 과제의 부담은 감수할 가치가 있다. ▪ 동료 학생들과 공동학습이 원활하다.	수업 및 교수법에 대한 학습자의 만족도와 미진한 점에 대한 확인

	- 평가의 기준 및 방법이 명확히 제시되었다. - 산학협력 방식에 만족한다. - 이 수업을 다른 학생에게 추천한다.	
	이 수업은 10점 만점에 몇 점인가?	수업에 대한 종합적 평가 확인
	수강 중에 겪은 가장 큰 문제 또는 개선을 바라는 점은?	수업의 개선점 확인
비대면 환경 질문	실시간 원격수업 수강 태도 - 나는 디지털기기와 도구활용에 익숙하다. - 이 수업의 실시간 원격수업 운영방식에 만족한다. - 실시간 원격수업이 대면수업보다 좋다. - 원격수업시간에 집중하고 있다.	비대면 환경에서 학습자의 수강태도 확인
	원격수업에서 겪고 있는 어려움 - 디지털 환경에 익숙하지 않음 - 개인 소유 PC의 성능 - 방해 없는 조용한 공간 확보 - 인터넷 속도와 대역폭 - 심리적인 고립감 - 집중력 유지의 어려움 - 원격 수업의 품질 낮음	비대면 환경에서 학습자의 학습 환경 확인

[표8-1] 5강에 실시한 자기성찰, 강의평가 응답

15강 강의평가 링크
https://url.kr/2r8itg

교수자의 입장에서 학기말의 평가도 중요하지만 5주 차에 수행한 자기 성찰, 강의 평가, 과제 평가가 더 중요하다. 5강에 실시한 자기 성찰과 강의 평가에서 확인한 바는, 1) 팀 활동에서 어려움을 느끼고 있는 수강생이 있음, 2) 경영전공 수강생 중 4학년의 경우 과제 부담을 호소하는 점, 3) 한 학생이 팀 활동에 소극적이고 집중하지 못하고 있다는 점이다. 5강의 평가를 바탕으로 다음 차시부터 팀 활동에 어려움을 느끼는 팀에 대해 교수자가 특히 주의와 관심을 기울였다. 또한, 과제부담을 호소하는 4학년 수강생의 경우, 과제는 가볍게 수행하고, 수업 중 팀 활동은 적극적으로 참여하면서 중요한 포인트에서 질적인 기여를 하도록 지도했다.

　5강의 질문과 15강의 질문 내용은 거의 동일했다. 교수자는 5강과 15강의 응답을 비교하여 교육의 효과를 알아보고자 했다. 본 수업에서 중요하게 생각했던 인재 양성 목표 중 하나는 협동에 친화적인 인재양성이었다. 이에 대한 확인으로 '나는 10점 만점에 몇 점의 팀원인가?' 였다. 5강에서의 평균은 7.56점이었는데 15강에서의 평균은 8.38점이었다. 이 결과를 통해 학습자 스스로 더 나은 팀원이 되고자 노력했으며 스스로도 자신을 긍정적으로 평가하고 있음을 확인할 수 있었다. 다음 두 장의 그림은 5주 차와 15주 차의 자기 성찰과 강의 평가에 나타난 수강생의 응답을 색상으로 표시한 자료다. 초록색이 진할수록 만족도가 높고, 붉은색이 진할수록 문제를 느끼고 있음을 표시하고 있다.

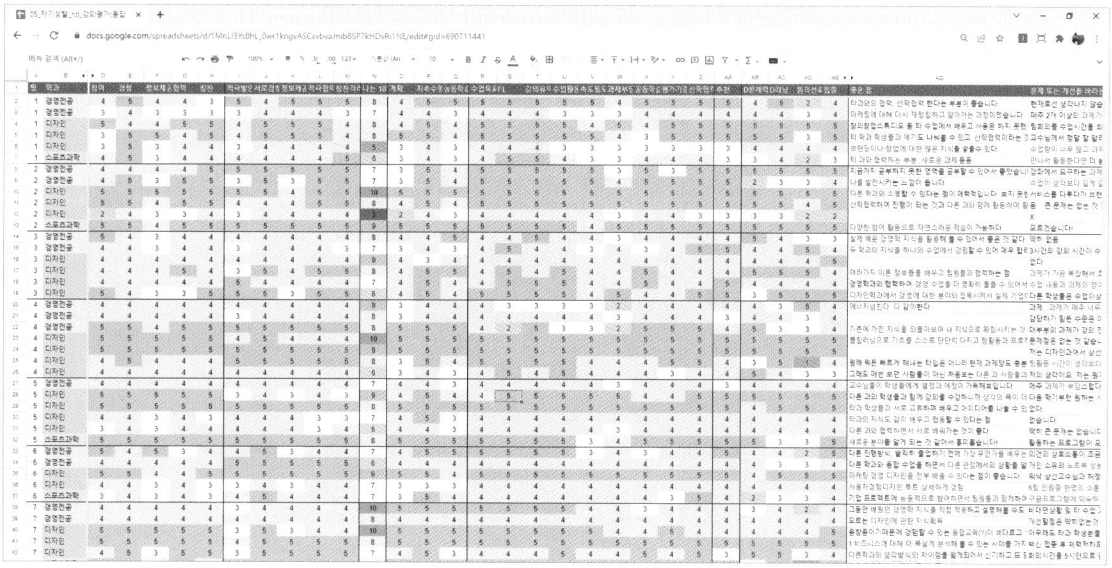

[그림8-1] 5강에 실시한 자기성찰, 강의평가 응답

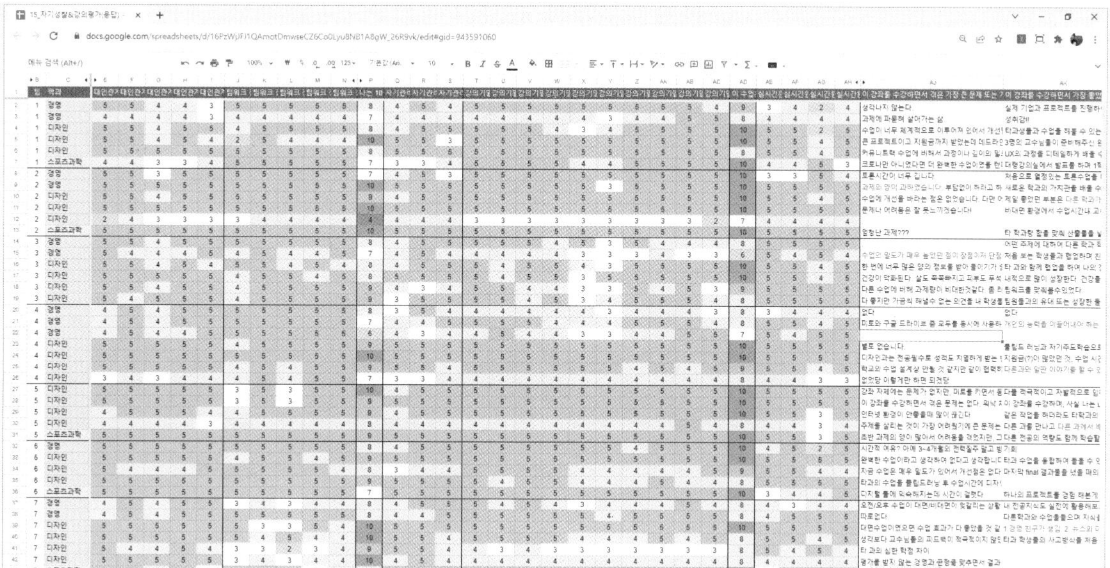

[그림8-2] 15강에 실시한 자기성찰, 강의평가 응답

2회의 평가에 나타난 응답 결과를 비교해 보면 5강에 비해 15강에 전반적으로 긍정적인 답변의 비율이 높아진 것을 볼 수 있다. 아래의 그림은 5강과 15강의 응답을 비교한 것이다. 정도의 차이는 있으나 모든 지표에서 향상되어, 이 수업을 통해 달성하고자 하는 학습 목표에 대해 긍정적으로 평가할 수 있었다.

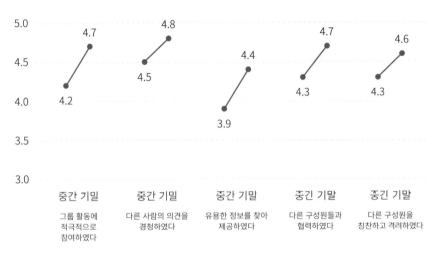

[그림8-3] 팀원으로서 학습자 자신의 자기성찰에 대한 5강과 15강 응답 비교

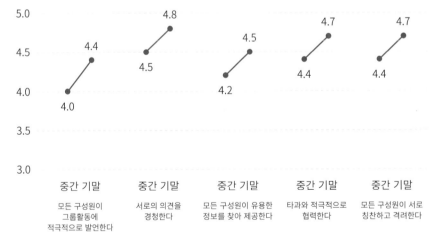

[그림8-4] 팀워크 현황에 대한 5강과 15강 응답 비교

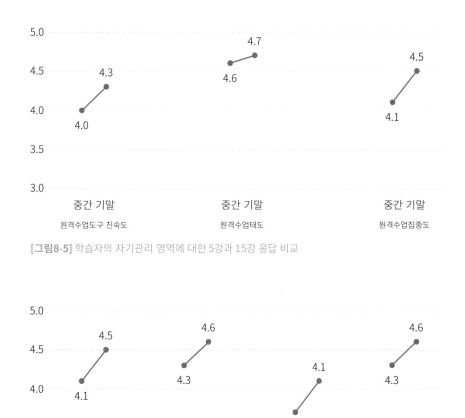

[그림8-5] 학습자의 자기관리 영역에 대한 5강과 15강 응답 비교

[그림8-6] 원격수업 수강태도에 대한 5강과 15강 응답 비교

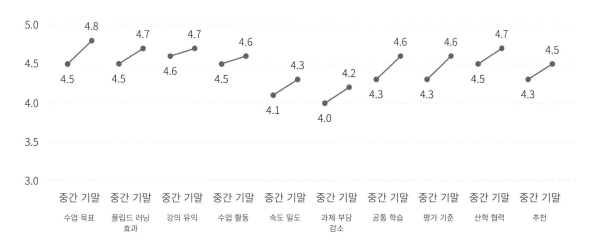

[그림8-7] 강의평가에 대한 5강과 15강 응답 비교

8-3

경영학의 입장에서 본 융합수업 성찰

실무 교육의 중요성은 경영학에서는 여러 번 강조해도 부족하지 않다. 실용 및 실천학문으로서 경영학이 가지는 차별성은 기업 경영에 필요한 실제 업무를 배우는 부분임에도 불구하고, 이론과 실제 간 갭의 존재 및 산학 간 협력의 어려움 등으로 인해 현실적으로 경쟁력을 갖기 어려운 면이 있다. 이는 수업 시간에는 실제 기업 현장의 문제를 다루기보다는 상당수의 가정이 부여된 단순화된 문제를 해결하기 때문이고, 문제해결을 위한 자원 및 조직 환경이 조성되어 있지 않기 때문이다. 이번 융합수업은 이러한 경영학 수업의 한계를 극복할 수 있는 수업의 표본이다. 경영학 수업 중 우수한 사례 수업들은 산학 협력을 통해 기업 운영 실제와 비슷한 환경을 조성하기도 하지만 이 역시 다양한 배경을 가진 조직 구성원의 환경을 반영하지는 못한다. 그러나 2021년도에는 디자인전공과 경영전공, 그리고 이 중 일부는 스포츠과학전공으로 구성되어, 실제 기업의 팀 조직과 비슷한 환경을 가지게 되었다. 해당 구성이 가지는 장점은 실제 구체적인 성과를 내는데도 기여하였다. 과거 경영학 및 마케팅팀 프로젝트 등에서 경영학 전공 학생으로 구성된 팀은 전략의 구성은 나름 우수하지만, 전략을 실행하기 위한 프로토타입이 형편없어 전략 자체의 현실성을 파괴하는 경우가 있었다. 그러나 이번 융합수업은 경영학 전공 학생들이 중심이 되어 마케팅 및 사업 전략의 방향을 기획하고, 디자인전공 학생들은 이러한 전략의 방향성을 바탕으로 실제 구현 가능한 프로토타입을 보여줌으로써 결과의 완성도를 높이고 의사결정에 대한 설득력을 높일 수 있었다.

기업 조직에 대한 사전 경험이 가능하다. 앞서 설명했지만 본 융합수업의 특징은 학제간 융합수업이기 때문에 실제 기업 조직의 팀 구성과 유사한 측면이 있다. 본 융합수업에서는 협업을 하는데 있어 팀원들을 임의로 할당한 것이 아니라 '리더 희망', '기록 담당', '예산 담당', '리액션 담당' 등 개인의 협력적인 특성을 고려하여 역할을 부여하였다. 또한, 학생들은 기업 산학관련 담당자를 통해서 데스크 리서치 등에 의해 공개된 정보 뿐만 아니라 향후 기업이 고려하고 있는 방향성과 내부 자원의 제약 요인 등에 대해서도 공유하면서 실제 기업에서 조직생활을 하고 있는 듯한 동기부여를 받았다.

자기 성찰적인 지식 수준의 확인이 가능하며 이를 통해 자기 지식을 만들 수 있다. 사실 어느 학과 수업이나 비슷하겠지만 교수자가 전달한 수업 내용은 필기시험을 끝내고 나면 거의 잊혀질 것이고, 일정 시간 경과 후에도 20%의 정도의 내용을 기억할 수 있다면 매우 성공한 수업일 것이다. 이러한 원인은 15주 차로 구성된 교과목의 진도를 정신없이 뺀 이후에 이를 다시 반복할 수 있는 경험이 없기 때문이다. 융합수업은 경영학 전공 4학년을 대상으로 개설된 수업이며 보통은 3~4학년이 본 과목을 수강하였다. 이들은 보통 2~3학년 수업을 통해 마케팅 원론, 조사방법론, 광고론, 유통관리론 등을 선 이수하고 듣게 되는데 본 수업에서는 부분적으로나마 이러한 내용들을 다시 활용해야 한다. 또한, 본인이 다시 내용을 구성하는데서 끝나는 것이 아니라 디자인전공 학생들에게 왜 이렇게 아이디어를 제시했는지 논리적 근거를 과거 수업에서 찾아 이해하기 쉽게 설명해 주어야 하기 때문에 학생들의 머릿속에서는 자신만의 언어로 지식의 재구성이 일어나게 된다. 이러한 학습이 학생들에게 교육적 효과가 훨씬 뛰어난 것은 말할 것도 없을 것이다.

　교수법 공유를 통한 수업 만족도 개선을 기대해 볼 수 있다. 경영학은 제공하는 컨텐츠와 더불어 교수 방법 또한 중요하다. 그럼에도 많은 교수자들은 시간의 제약 때문에 기존의 몇 가지 방법론 중 일부를 선택하여 적용하고 있는 실정이다. 물론 최근에는 교육혁신사업의 운영 및 교수법 자체에 대한 관심이 높아짐에 따라 새로운 교육 방법이 개발되고는 있으나 개별 교수자가 자신의 전공과 수업에 맞는 새로운 교육 방법을 개발하는 것에 대한 부담은 여전하다. 이러한 차원에서 융합수업의 운영은 개별 교수자에게 함께 참여하는 교수자와의 수업 운영 방식에 대한 정보 공유를 통해 좀 더 용이한 적용을 가능하게 한다. 즉, 학기 전체에 대한 수업 운영을 변경할 필요 없이 필요한 부분에 대한 일부 모듈 혹은 스타일의 변경을 통해서 교육방식의 변화를 추구할 수 있으며 매년 점진적인 변화를 통해 교수자의 부담을 줄이는 방식으로 교육 방법론을 변경할 수 있다.

　수업 참여에 대한 동기부여는 융합수업의 핵심적인 성공 요인이다. 다양한 수업 내용의 소개와 교육 방법의 적용에도 불구하고 팀 활동이 적극적으로 일어나지 않으면 융합수업의 효과는 제한적일 수밖에 없다. 즉, 수강생들의 수업에 대한 동기 부여가 필수적이다. 조직 행동 이론[77]에서는 동기부여를 금전적 요인과 비금전적 요인으로 나누는데, 개별 업무성과에 따른 동기부여 방식으로 금전적 요인은 일정 수준까지 가능한 것으로 보고 그 이

77
Lepper & Greene(2015)

후부터는 비금전적 요인이 효과적인 것으로 설명하고 있다. 이는 융합수업 수강생들을 대상으로 금전적 요인에 해당하는 것과 유사한 성적 점수의 부여와 비금전적 요인에 해당하는 칭찬, 명예 등이 있을 것이다. 즉, 융합수업의 효과가 극대화되기 위해서는 팀원 간 친밀감 형성이 중요하며 교수자들은 팀원들에 대한 칭찬, 결과물에 대해 인정해 주는 것이 매우 중요함을 느꼈다. 이번 융합수업은 수업의 분위기, 리액션 등이 수업의 성공에 미치는 효과가 매우 크다는 것을 확인한 기회였다.

8-4

디자인과 입장에서 본 융합수업 성찰

디자인과 경영학의 관련성이 깊어 융합수업으로 구성하기에 원만했다. 디자인과 경영학은 실무에서도 관련성이 매우 깊어, 마케팅 부서와 디자인 부서의 구성원이 협업하는 경우가 많다. 디자인과 마케팅의 프로세스는 서로 공통점과 차이점이 적절하게 있어, 학습자가 흥미를 가지고 상대의 전공을 학습하고 각자 생각의 폭을 넓히는 데 유리했다. 디자인전공 수강생의 서술형 강의 평가에 나타난 반응을 보면, 경영의 관점에서 문제를 바라볼 수 있었던 점, 예쁜 것만이 좋은 디자인이 아니라 경제적인 측면도 고려해야 한다는 점, 양측의 사고방식과 해법이 다른 점, 양측의 공통점이 많다는 점을 배웠다고 서술하고 있다.

디자인 교육 확장으로서의 융합교육 실천이다. 학습자 개인의 조형적 감수성을 연마하고 표현력을 높이는 교육 목표라면 융합수업은 적절하지 않을 수도 있다. 개별 학습자의 조형적 훈련을 위한 디자인 수업과 융합수업은 교육 목표와 형식이 매우 다른 데다, 조형적 훈련을 위한 충분한 시간을 확보하기 어렵기 때문이다. '문제 해결'에 대한 디자인교육, 핵심 역량 강화 측면에서 융합수업은 효과적일 수 있다. 우리는 디자인 인재상의 변화에 주목할 필요가 있다. 디자이너를 채용하는 담당자 혹은 디자이너와 협업하는 이들은 디자이너의 표현력과 함께 중요한 역량으로 소통, 리서치, 공감 능력, 학습력, 설득력을 꼽는다. 융합수업이 이루어지는 교실에서 학습자는 자기주도적으로 학습 또는 조사한 내용을 동료와 교수자에게 설명하고 설득해야 한다. 각자의 생각에 대해 공감하고 토론을 통해 합의를 이끌어 내야 한다. 융합수업은 표현력 외에도 디자이너에게 필요한 핵심 역량을 강화하는 교육으로, 디자인 교육의 확장이라 생각한다.

사용자 경험 디자인(UXD) 교육을 잘하기 위해 융합교육을 지속하고 있다. UXD는 더욱 배우기 쉽고, 사용하기 쉽고, 유용하고, 매력적인 최적의 경험을 사용자에게 제공하기 위해 서비스를 개선하거나 혁신하는 내용을 다룬다. 융합수업에 참여하는 디자인전공 학습자는 1학기에 UXD 기초를 배운다. UXD 프로세스, 개념, 방법론을 이론과 함께 프로젝트 기반으로 배운다. 2학기는 UXD에 대한 심화 수업으로, 1학기에 배운 내용을 바탕으로 타 전공과 협력하고, 보다 실질적인 주제를 다루면서, 배운 것을 내재화하고 실천한다. UXD는 디자인 단독으로 구현할 수 없다. 서비스와 관련된 기술, 콘텐츠, 마케팅 직능과 협력을 통해 UXD가 구현된다. 따라서 여러 전공이 함께 하는 융합교육은 UXD를 제대로 공부하기에 바람직한 환경을 제공한다.

공감 능력 향상을 위해 융합교육 방식이 유효하다. 자밀 자키 Zamil Zaki에 따르면 공감은 즉, 1) 이성적 공감, 2) 정서적 공감, 3) 공감적 참여(compassion)의 세 가지 층위가 있다고 주장한다. 또한 공감은 타고난 능력이나 성향이 아니라 훈련에 의해 향상될 수 있으며, 공감력의 확대를 통해, 인간관계, 조직, 문화 모두를 개선할 수 있음을 역설한다.[78] UXD에서는 사용자에 대한 이성적 공감을 위한 다양한 사용자 조사 도구를 사용한다. 교수자는 학습자들이 융합수업에서 PBL을 팀 기반으로 수행하는 동안 정서적 공감, 공감적 참여를 이끌어 내도록 수업을 설계한다. 다른 수업도 팀 기반, 프로젝트 기반으로 운영되지만, 전공이 다른 학습자와의 소통 경험은 단일 전공의 팀 수업보다 더 큰 '공감력', 다층위의 '공감력' 발휘가 요구된다. 학습자는 강의평가에서 타 전공과의 협력에서 1) 다름의 인식, 2) 상대 전공과 상대에 대한 이해, 3) 공감적 참여가 있었음을 진술한다.

메타인지 촉진에 융합교육은 최적의 환경을 제공한다. 지금까지 배운 지식을 팀 내의 다른 전공자에게 설명하려면 학습자가 알고 있는 것과 모르는 것을 구별할 수 있어야 한다. 상대에게 자신이 아는 바를 설명하는 중에 암묵적인 지식은 명시적인 지식으로 전이된다. 또한 자신의 지식과 기술을 활용하여 산출물을 만들어 내야 한다. 학습자는 강의 평가에서, 1) 내 전공에 대해 더 깊이 공부하게 되었고, 2) 내 전공이 활용되는 맥락을 이해하게 되었고, 3) 내 전공에 대해 확실하게 알게 되었다고 보고한다.

학습 공동체 구성원의 자기효능감이 융합교육에서 높게 나타난다. 지난 10년간 내가 속한 공동체의 여러 교수자와 함께 융합수업을 운영해 오

78
자밀자키(2019)

고 있다. 함께 하는 동안 동료 교수자로부터 교육자로서의 자세, 태도, 구체적 교수법 등 다양한 배움을 얻었다. 교수자로서 지금 나의 모습은 함께 한 여러 교수자로부터의 영향이 반영된 것이다. 해마다 새로운 배움이 있고, 나는 교수자로서 조금씩 변화하고 성장하고 있다. 학습자의 학기말 강의평가에도 타 수업에 비해 자기효능감에 대한 진술을 다수 발견할 수 있다. 학습자의 진술에는, 타 전공 이해와 협력을 통한 성장, 프로젝트 수행을 통해 무엇인가를 성취한 데에 대한 성취감, 자신의 실력이 높아졌다는 느낌, 다양한 툴을 익혀 실행력이 높아졌다는 진술, 발표 실력의 향상, 자기조절능력의 향상, 자기 주도적인 참여 등 학습자 자신의 성장과 효능감 등이 있었다. 이러한 효능감에 대한 자기 인식과 학습자의 피드백이 수고스러운 융합교육을 계속하게 하는 동력이 된다.

8-5
비대면 교육 가능성과 한계

2020년 3월부터 상황에 떠밀려 비대면 교육을 시작한 후, 1) 극단적 피로 단계, 2) 다양한 비대면 교수법 시도 단계, 3) 비대면 교수 숙련 단계, 4) 온/오프 혼합 실천 단계를 거치는 동안 비대면 교육의 가능성과 한계를 체험할 수 있었다. 팬데믹으로 인한 비대면 수업이 끝나더라도 비대면 교육의 방법은 대면교육과 결합하여 진화하고 일상화될 것이다. 본 절에서는 비대면 교육의 가능성과 한계에 대해 설명한다. 이는 저자의 제한된 경험에 바탕을 둔 성찰적인 것임을 밝힌다.

비대면 교육의 가능성

비대면 교육 환경에서의 장점과 가능성을 살펴보고, 대면 교육 환경이 되더라도 비대면 교육의 장점을 적용해 온라인과 오프라인을 넘나드는 혼합 방식의 수업 운영을 탐색하고자 한다.

시간과 공간의 제약이 없이 소통을 원활히 할 수 있다는 점은 비대면 교육의 큰 장점이다. 대면 교육에서는 보강 날짜를 잡을 때, 학생의 상황과 교실 상황을 살피는 등 어려움이 많은데 비대면 환경에서는 한결 수월했다. 그뿐인가! 시간을 맞추는 것이 어렵다면 동영상 강의를 올려 비동기식으로 수업을 진행할 수도 있으니 큰 장점이다.

학습자-교수자 간의 관계 형성이 의외로 용이했다. 대면 환경에서는 학기 초에 학생의 이름을 외우기 위해 다양한 노력을 기울였다. 비대면 환경에서는 화면에 학생의 이름이 나타나 있어 틀릴 걱정 없이 마음껏 학생의 이름을 부를 수 있었다. 덕분에 수업 중에 성을 빼고 학생의 이름을 마음껏 부를 수 있었고, 이는 학생이 수업에 참여하는 것을 도왔다. 학생 상담을 할 때도 비대면 환경에서 학생과 관계를 형성하는 데 장점이 있었다. 대면 상담을 할 때는 학생과 약속을 잡는 것도 쉽지 않았는데, 비대면에서는 쉬웠다. 대면 환경에서 상담 할 때는 학생을 만나기 전에 학생의 자기소개서 내용과 학업 성취도를 재빨리 살펴본 후, 이를 외워서 상담을 했다. 비대면 상담에서는 학생과 관련된 다양한 자료를 열람하면서 학생에 대한 이해와 공감을 바탕으로 대화를 이어가기 좋았다. 내가 학습자의 정보에 대해 이해가 풍부할 때, 학생과 라포 형성을 쉽게 할 수 있었고 의미 있는 대화를 나누기에 유리했다. 뿐만 아니라 상담 직후 상담 내용을 쉽게 기록할 수도 있었다.

학습자가 적극적으로 수업에 참여했다. 비대면 수업의 첫 학기에는 학생들의 수업 참여가 크게 적극적이지 않았다. 학생들이 수업 중에 다른 대화방에서 수업과 관계없는 대화를 많이 한다는 사실, MZ세대는 채팅에 매우 익숙하다는 사실을 다른 교수자를 통해 알게 되었다. 수업에서 채팅을 적극적으로 도입했다. 저자의 수업 중인 모니터의 오른쪽에는 채팅장이 수업 시간 내내 열려있었고, 지속적으로 학습자의 발화(?)내용이 입력되고 있었다. 인사, 농담, 질의에 대한 응답, 중요 내용의 반복, 자신의 의견 주장 등 채팅으로 학생들의 참여를 적극 독려했다. 학생이 틀린 응답을 했을 때 칭찬하고, 교수자가 할 일이 있어 기쁘다고 말하며, 학생들이 틀린 답을 하더라도 주눅 들지 않도록 했다. 채팅창에 올라오는 학생의 농담에 적극적으로 응대하여 활기찬 묶음의 대화가 지속되도록 독려했다. 비대면 수업이 계속되면서 학생들이 채팅을 통해 점차 적극적으로 수업에 참여하게 되었고, 마침내 한 학생은 학기말의 강의 평가에서 '다른 어떤 수업보다 이 수업에서 말(?)을 많이 했다'고 응답했다. 활발한 채팅이 있는 비대면 교실은 소리 없는 소란이 있는 가상 교실이 되었다.

동영상 강의의 활용이 용이해졌다. 처음에는 강의 녹화가 어색하고 불편했지만, 지금은 좀 편해졌다. 또한 비대면 실시간 강의 내용은 모두 녹화자료로 남아 있다. 디자인전공 수업의 경우 이론 강의 후에 학습자의 과제물에 대한 비평을 해야 하는데 늘 시간이 부족하다. 학습자의 과제물 비평 시간을 늘리기 위해 녹화한 강의를 주제별로 몇 개로 쪼개, LMS에 업로드 한 후, 일부의 학생이 비평을 받는 동안, 나머지 학생은 동영상 강의를 듣게 하는 등의 방법으로 수업을 유연하게 운영할 수 있었다. 또한 해마다 반복해서 강의하는 내용이라면, 강의를 녹화해서 플립드 러닝으로 운영할 수 있겠다.

　　학습자가 활동의 기록을 남기고 이를 활용하기 좋았다. 비대면 수업에서는 워크시트를 활용하거나, 벽에 포스트잇을 붙이고 토론하는 등의 활동을 한다. 활동 후에 이 내용이 휘발되는 것을 막기 위해, 이를 촬영하고 메모와 함께 회의록을 온라인 공간에 기록하도록 했다. 그러나 이러한 방식은 학습자의 기록이 여기저기 산재하게 되어, 다음 수업과의 연계, 전체적인 조망에 어려움이 있었다. 비대면 환경에서는 '6.6 비대면에서 활동 중심 협동학습 예시'에서 밝힌 바와 같이 학습자의 활동 기록을 통합 관리함으로써, 학습자가 자신의 학업 수행과정을 맥락적으로 파악할 수 있었다.

　　정교한 실전에 노력을 기울였다. 비대면 수업을 위한 다양한 도구가 있다. 도구는 점점 발전할 것이고 더 다양해질 것이다. 기능은 놀랍고 사용법은 쉬웠다. 그러나 새로운 도구를 수업에 도입할 때마다 많은 시행착오를 거치게 되었다. 시행착오를 거치면서, 새로운 도구나 방법을 수업에 도입하기 위해서는 교수자의 숙련과 정교한 설계가 필요하다고 생각했다.

비대면 교육의 한계

비대면 수업은 처음부터 한계가 많았지만, 운영을 지속하면서도 쉽게 극복하기 어려운 뚜렷한 한계를 느꼈고 이를 정리해 본다.

　　학습자 환경의 한계[79]를 간과했다. 학습자 PC의 성능, 인터넷 환경, 집중할 수 있는 독립된 공간, 필요한 소프트웨어의 라이센스 등 학습자 환경의 한계를 간과한 채로 비대면 수업을 운영하기에 바빴다. 주변의 한 교수자는 소프트웨어의 라이센스 때문에 큰 곤란을 겪었고, 노트북의 성능이 충분하지 않았던 학생은 휴학했으며, 수업 중에 인터넷이 자꾸 끊어지던 학생은 내 수업을 철회했다. 곤란을 겪는 수강생을 위한 방법 마련을 노력해 보았지만 여의치 않았다. 학습자의 문제가 아니었다. 대면 수업이었다면 생기지 않았을 문제다. 나는 이 문제를 점검하고 수업에 앞서 대안을 마련했어야 했다고 반성한다.

79
Harvard Business Publishing, Leveling the Digital Playing Field, November 23, 2020.

80
서울대 OTL 비대면 환경에서의
학생 경험
https://url.kr/7hujfr

81
Zoom Fatigue
https://en.wikipedia.org/
wiki/Zoom_fatigue

기술 자체의 장벽이 분명히 존재한다. 디지털 교육 환경에 활용되는 기술에 대한 교수자의 친숙도는 천차만별이었다. 교수자마다 사용하는 수업 도구도 다양했다. 비대면 수업의 품질은 천차만별이 될 수밖에 없다. 디지털 기술에 상대적으로 익숙한 MZ세대인 학습자에게도 어려움이 있었다. 다양한 교수들이 진행하는 다양한 비대면 수업 운영 수준과 방식 때문에 매 수업마다 교수자의 방식을 익히고 적응해야 했다.[80]

비대면 피로[81]는 비대면 교육 환경에서 피할 수 없는 문제였다. 1) 눈, 목, 어깨, 허리 등 신체적 통증이나 불규칙한 생활, 덜 건강한 식단, 수면 부족 등의 물리적 피로, 2) 물리적으로 시공간을 공유하지 않는 것, 비언어적 단서 없이 소통해야 하는 데서 발생하는 화면 노출 등에 의한 심리적 피로, 3) 가족과 많은 시간을 함께하면서 생기는 접촉 피로, 4) 신기술에 대처할 수 없는 테크노 스트레스와 같은 맥락적 피로까지 피할 수 없었다. 비대면 교육을 할 때는 이에 대한 보완 장치를 마련할 필요가 있겠다.

채워지지 않는 실재감의 한계였다. 비대면 수업을 2년 동안 지속하고 있지만, 학습자가 카메라를 켜지 않은 상태에 있을 때 강의를 하는 것은 고통스럽기까지 하다. 비대면 환경에서 형성할 수 있는 최소한의 실재감이 없는 상태에서, 일절의 상호작용 없이 강의를 진행할 때 나는 마치 파놉티콘(원형 감옥)의 한 가운데 놓여진 것과 같은 느낌이 든다. 이러한 심리적인 위축을 막고 비대면 교육 환경에서 최대한의 실재감을 확보하기 위해, 채팅, 소그룹 활동, 제스쳐 등의 방법을 마련했다. 그럼에도 불구하고 채울 수 없는 실재감이 있었다. 이러한 실재감의 결여는 학습에 필요한 사회적인 관계, 정서적인 유대 형성의 부족으로 나타났다. 종강 후 몇몇 학생들과 방역수칙을 지키면서 식사 자리를 가진 적이 있다. 함께 식사한 학생들이 지나치게 기뻐해서 의아했다. 나는 학생들과 식사하는 기회를 자주 갖는 편이다. 소박한 음식을 먹으면서 학생과 이야기를 나누는 일상이 매우 평범하다고 생각했다. 지나치게 기뻐하는 학생에게 이유를 물으니 지난 2년 동안 교수자와 식사의 기회 자체가 없었고, 팀원들과 팀 활동을 하는 동안도 학기말에 이르러서야 함께 식사할 기회가 있었으며, 그 식사 기회를 통해서 비로소 친해진 느낌이 들었다고 했다. 비대면으로 지식은 전달되고 있었더라도 교수자와 학습자, 학습자와 학습자 사이의 사회적인 관계나 정서적인 유대는 쉽게 형성되지 않았던 것이었다.

정량적으로 측정할 수 없는 교실 밖의 교육은 거의 이루어지지 않았다. 등하굣길, 점심시간, 동료 학습자와 함께 과제를 하는 활동, 동아리 활동, MT, 체육대회와 축제 등, 대학 생활 중 경험하는 평범한 일상과 활동을 통해 학생들은 사회의 구성원으로 알아야 할 사회적인 규범, 태도, 연대를 동료 학습자와 함께 익히게 된다. 2020년부터 2021년 사이에 대학에 재학한 학생들은 학교에 다니면서 마땅히 누려야 할 소중한 배움의 기회를 송두리째 잃었다. 나는 내 수업을 하기에 급급해서 학생들의 이러한 상황을 제대로 헤아리지 못한 채로 학기를 보낸 점을 반성한다.

사기업 솔루션 사용에 대한 기술 의존도 문제가 우려스럽다. 본 융합수업에서 사용하는 모든 온라인 프로그램은 사기업의 솔루션이다. 교육 현장에서 ZOOM 시간제한을 풀어주었다가, 2021년 2학기 갑자기 다시 40분으로 제한했을 때, 대학 혹은 개별 교수자가 갑작스럽게 비용을 지불해야 했다. MIRO, 구글 드라이브가 회사의 정책을 갑자기 변경한다면 어떻게 될까? 클라우드에 있는 내 자료의 보안은 괜찮은가? 클라우드 환경을 접한 이후 그 달콤한 편리함에 익숙해져 가면서 점점 플랫폼에 대한 의존도가 높아지고 있다. 이러한 현상은 가속될 것이다. 개인적인 차원, 국가적인 차원 모두에서 이에 대한 인식과 대책 마련이 필요하다.

8-6
융합교육 성과와 시사점

82
이상선 외(2015)

83
2015년까지의 내용은 이상선 외(2015)

본 대학에서 시행한 융합교육의 특징으로는, 첫째, 여러 학과의 교수자가 교과목 차원에서 화학적 융합교육을 수행한 점, 둘째, 이종 학문 간 융합교육이었던 점, 셋째, 프로젝트 기반의 융합교육이었던 점, 넷째, 교육 과정의 처음부터 끝까지 모든 교수자가 동시에 참여한 점을 들 수 있다. 융합교육을 처음으로 시행했던 2012년에는 학기 전반에 걸친 화학적 융합을 이루지 못하고, 학기 후반부에 프로젝트를 본격적으로 진행하는 시점에만 융합이 이루어졌다.[82] 첫해의 융합교육에서 다양한 시행착오를 경험했다. 해를 거듭하면서 본 대학에서 융합수업을 진행하는 교수자가 늘고 있고, 융합수업을 위한 교과목이 개설되는 등 제도적인 개선, 재정적 지원, 형식과 내용에서 진화를 거듭하고 있다. 다음의 표는 2012년부터 2021년까지 본 대학에서 진행된 학제간 융합수업의 개요, 성과, 시사점을 간단히 요약하고 있다.

연도	구분	성과와 주요 시사점[83]
2012	개요	• 학과: 디자인, 미디어문예창작, 컴퓨터공학 | 3개 학과 수강생 총 69명 • 과제: 공공의 목적과 수강생의 관심에 부합하는 모바일 웹 앱 개발
	성과	• 융합교육의 시도 • 학부 과정에서 융합교육의 가능성 확인
	시사점	• 명확한 인재상 수립 필요 • 화학적 융합교육 미진 • 교수자의 준비와 의지의 중요성 확인
2013	개요	• 학과: 디자인, 안전공학, 의공학, 컴퓨터공학 | 4개 학과 수강생 총 44명 • 과제: 스마트 헬스 디바이스 및 모바일 앱 개발
	성과	• 화학적 융합교육의 실현 • 융합교육의 필요성과 가능성에 대한 학내 공감대 형성 • 대학 내 융합교육 관심 교수자 그룹 형성
	시사점	• 융합교육 전용 공간 필요 • 1학기 학과별 학습 후에 2학기 융합교육이 바람직함을 확인
2014	개요	• 학과: 경영, 농학, 디자인, 안전공학, 의공학, 컴퓨터공학 | 6개 학과 수강생 총 54명 • 과제: IT와 농업이 융합된 제품 / 서비스 사업 계획서와 모바일 앱 개발
	성과	• 경영, 공학, 디자인의 융합 실현 • 학내에 융합교육 전용 공간 확보 • 융합교육의 교수 프레임 구축
	시사점	• 융합교육에 적정한 학과의 수는 4개 이하임을 확인 • 적절한 수강생 규모는 48명 이하임을 확인 • 디자인 씽킹 교육 효과 확인
2015	개요	• 학과: 경영, 디자인, 미디어문예창작 | 3개 학과 수강생 총 45명 • 과제: MBC 용인 대장금 파크 활성화를 위한 서비스 혹은 제품 개발
	성과	• 융합교육이 수강생의 핵심 역량 강화에 기여할 수 있음을 확인 • 플립드 러닝의 가능성 확인 • 학내의 공감대 형성으로 수업 운영을 위한 재원을 확보함 • 6개 팀 중 1개 팀이 창업을 위한 토대를 마련함
	시사점	• 융합교육에서 공학이 빠질 경우 융합교육 효과가 다소 반감됨
2016	개요	• 학과: 디자인, 미디어문예창작, 전기전자제어 | 3개 학과 수강생 총 45명 • 과제: 안성시장 활성화를 위한 ICT 콘텐츠 개발
	성과	• 융합수업을 서비스 디자인 프로세스에 맞추어 재정비
	시사점	• 시장을 주제로 한 프로젝트에서 학습자가 시장에 대한 관심이 적었음 • 프로젝트 주제에 대해 학습자의 관심이 낮을 경우 교육효과가 반감됨
2019	개요	• 학과: 건축, 디자인, 전기전자제어 | 3개 학과 수강생 총 53명 • 과제: 한경대 교육 환경 개선을 위한 공간, 제품, 서비스 또는 컨텐츠 개발

	성과	▪ 학습자와 밀착된 과제로 현실감 높은 프로젝트 수행 ▪ 건축과와의 협업으로 학습자의 사고의 폭을 공간으로 확장
	시사점	▪ 교수자가 수업에 임하는 태도가 학습자에게 그대로 투영됨
2020	개요	▪ 학과: 디자인, 미디어문예창작 | 2개 학과 수강생 총 51명 ▪ 과제: 마법천자문이라는 IP의 브랜드를 MZ세대에 부합하도록 강화 또는 혁신
	성과	▪ 비대면 환경에서 활동 중심 교육 실천
	시사점	▪ 대면 환경에서도 비대면 교육 방법 병행 사용 가능성 ▪ 경영적인 관점이 빠졌을 경우 한계 확인
2021	개요	▪ 학과: 경영, 디자인 | 2개 학과 수강생 총 43명 ▪ 과제: (주)배럴의 브랜드 혁신을 위한 서비스, 콘텐츠, 혹은 제품 개발
	성과	▪ 경영학과 디자인의 화학적인 융합교육 ▪ 기업체 파트너의 적극적인 참여 ▪ 비대면 환경에서 활동 중심 교육을 성공적으로 할 수 있음 확인
	시사점	▪ 기업체 파트너의 참여도가 산학협력에 큰 영향을 끼침 ▪ 비대면 환경에서는 학습자 간 정서적 유대를 형성하는 데 불리함을 확인 ▪ 비대면 환경에서 활동 중심 교육이 숙련됨에 따라 대면 환경에서도 비대면 환경에서의 방식을 도입한 온/오프 혼합 형식의 수업 운영 가능성 확인

[표8-2] 2012년부터 운영된 한경대 융합교육의 연도별 개요, 성과, 시사점

제 9장
수강생 후기

교수자는 본 융합수업을 수강한 학습자의 목소리를 청취하기 위해 수강 후기를 모집했다. 8명의 수강생이 수업 후 자신의 생각을 정리한 수강 후기를 교수자에게 보내주었다. 또한 본 수업의 결과를 정리하는 출판 작업에 참여한 수강생의 후기도 담았다. 본 장에서는 학습자의 생생한 수강 후기를 통해 본 융합수업이 학습자에게 어떻게 전달되었는지 살펴본다.

9-1

경영전공 수강생

84
'8.3 경영학의 입장에서 본 융합수업 성찰'과 연결

2팀 | 박상준 | 연못이 바다가 되는 법, 융합

이번 강의는 전공 심화로 졸업에 필요한 학점을 채울 수 있으며, 학습에 부담이 없는 P/F 수업이었기 때문에 가벼운 마음으로 수강 신청을 하게 되었다. 나의 경우는 특이하게 수강 정정으로 합류했던 터라 오리엔테이션을 정상적으로 진행하지 못하였다. 뒤늦게 오리엔테이션 내용을 확인하였을 때, 비로소 가벼운 수업이 아니라는 것을 깨달을 수 있었다. 하지만 이미 철회할 수 없는 상황이었고, 무엇보다 교수자들의 적극적인 수업 진행 의지, 학생들의 열정적인 참여 모습, 그리고 디자인과와 실제 기업과 함께하는 융합수업 커리큘럼을 보니 해당 수업을 들을 마음이 생겼다.

해당 수업에서 가장 인상적이며 흥미로운 부분은 역시 다른 학과와의 연계였다. 물론 '배럴'이라는 큰 기업과 협력하여 수업을 진행하는 것도 흥미로웠지만, 이는 그동안 다른 학과를 전혀 접해볼 수 없었으며 접할 필요성도 잘 몰랐기 때문이다. 이러한 나의 지식과 지식의 활용도는 마치 연못처럼 고립되어 있었다.[84]

이번 수업에서 진행한 융합 활동은 나에게 여러 경로를 통한 지식의 적립과 활용이 얼마나 중요한 일인지를 일깨워 주었다. 실제로 이번 수업은 경영학 지식과 디자인 지식을 복합적으로 활용하도록 설계되어 있었다. 이는 기존의 수업과는 차별화된 방식이었으며, 기존에는 학습해본 적 없는 방식이었다. 처음에는 이러한 방식의 수업이 익숙하지 않아서 프로젝트 진행이 버벅대거나 팀원 간 의견 충돌이 자주 발생하였다. 하지만 시간이 지나면서 다른 학과의 지식을 습득하고 이를 활용할 수 있게 되자, 프로젝트 진행이 급격히 원활해졌다. 이는 다른 전문 지식을 가진 인재들을 활용하여 하나의 프로젝트를 진행하는 것을 중요하게 생각하는 경영학도가 있었기 때문이었다.

프로젝트 진행 초기에는 디자인에 대한 전문 지식을 가지고 있는 인재를 처음으로 접해봐서 서로가 서로를 잘 알지 못하였다. 그 탓에 각각의 전문 지식을 잘 활용하지 못하고, 그 원인을 찾지 못하여 프로젝트 진행률이 더뎠다. 그러나 함께 하는 동안 디자인과에 대한 대략적인 지식이 확립되면서 프로젝트 진행률은 빠르게 개선되었다. 이 과정에서 편협적인 채널을 통해서 얻은 지식으로는 효과적으로 프로젝트를 진행할 수 없다는 것을 알 수 있었다. 즉, 연못이 바다처럼 넓어지고 많은 생명체를 수용하기 위해서는 많은 채널을 통한 지식을 수용해야 한다는 것이다.

이러한 다양한 채널의 지식을 수용하는 훈련에 온라인이라는 환경은 매우 적합했다고 판단된다. 온라인이라는 환경으로 인해서 각 프로젝트 참여자는 자신이 가지고 있는 최대한의 자원을 활용하는 것이 가능했으며, 시간적인 부담이 적었다.[85] 또한, 현대 사회에서 중요하게 활용되는 여러 가지 온라인상의 프로젝트 진행 능력을 기르는 데도 큰 도움이 되었다.

나는 이러한 흥미로운 환경과 커리큘럼 덕분에 적극적으로 수업에 참여할 수 있었고, 좋은 결과를 얻기 위해서 노력하였다. 결과적으로 이러한 수업 태도를 좋게 봐주신 교수자들께 좋은 발표자로 뽑히게 되었다. 내게도 큰 영광이었던 이 일은 열정적으로 가르쳐주신 허정 교수님과 이상선 교수님, 지원해주신 배럴 대표님, 함께 프로젝트를 진행한 팀원들 덕분에 일어난 일이었다. 마지막으로 에세이를 통해서 집필에 참여하도록 배려해주신 교수님께 감사한다.

5팀 | 박소현 | 이 과정을 거치면서 나는 성장했다!

헉! 우리 팀에 경영학과가 나밖에 없다고?

2021-2 스포츠과학을 전공하고 있으며, 경영학과 복수전공 첫 학기였다. 개강 전, 수강 신청 목록을 살펴보던 중, 『설득과 경영혁신세미나』의 이번 학기 연구대상이 '배럴'이라는 소식을 듣고, 망설이지 않고 강의를 신청하게 되었다. 이번 융합과목 프로젝트는 디자인과 4명과 경영학과 3명, 7명이 한 팀으로 이루어져 진행되었다. 하지만, 본인 팀의 경영학과 2명이 수강 철회를 하게 되면서, 경영전공의 과제와 역할을 혼자 담당해야 했다.

처음에는 솔직히 막막했다. 복수전공 첫 학기이기 때문에, 전공 관련 지식도 전무할뿐더러 조언을 구할 팀원조차 없어졌기 때문이다. 모든 심화학

85
'8.3 경영학의 입장에서 본 융합수업 성찰' 과 연결

86
'8.3 경영학의 입장에서 본
융합수업 성찰'과 연결

습을 스스로 깨우치고 경영전공의 역할을 전담해야 했다. 하지만 이 과정을 거치면서 '나'는 성장했다.[86] 누군가에게 의지하지 않고, 하나씩 천천히 문제를 해결해 나갔다. 똑같이 다른 팀과 경쟁해야 하는 상황에서, '나'로 인해 우리 팀에게 부족한 부분이 발생하는 것은 상상할 수 없었다. 경영학과 선배님들과 교수님께 자문을 구하고, 피드백을 통해 조금씩 성장할 수 있었다. 속도는 더뎠지만, 믿고 기다려준 디자인과 팀원들이 있기에 책임감을 가지고 더 열심히 노력할 수 있었다. 만약 경영을 전공하는 팀원이 있었더라면 '나'의 비약적 발전이 가능했을까? 불가능했을지도 모른다. 팀원에게 의지하려고 하거나, 딱히 자신의 주장을 내세우지 않고, 흘러가는 대로 따라갔을 것이다.

이렇게 성장할 수 있었던 가장 큰 이유 중 하나는, 교수님의 노력이 있었다. 평일, 주말 가리지 않고 팀별로 회의가 있는 시간에는 ZOOM에 참여해, 교수님과 함께 논의하는 시간을 가졌다. 또 개인 산출물의 피드백을 계속해서 진행해 주셨다. 가까이서 교수님의 조언을 듣고, 교감을 할 수 있었던 점은 이 수업을 들으면서 가장 큰 행운이었다.

에세이를 마치면서, 강의를 수강하기 전과 후, '나'는 정말 많이 성장했다. 전무했던 경영전공역량을 처음부터 천천히 익힐 수 있었고, 전적으로 본인에게 경영의 전공역량을 기대하고 있는 디자인과 학우들에게 부응하기 위해서 더 노력했다. 학기가 마무리되고 있는 지금은, 누구보다 마케팅 전략에 자신 있고, 내가 기획한 캠페인에 대해서 가장 잘 설명할 수 있다. 재무제표 보는 법을 배우고, 마케팅 예산 계획을 수립하는 법을 배웠다. 또한, 다른 분야의 전공 학생들과 협업하면서 다양한 내용을 접할 수 있었다.[87] 처음 접하는 내용이 대부분이었지만, 학기말에 다가올수록 능숙하게 프로그램을 사용하는 '나'를 보고 한층 성장했다고 느꼈다.

87
'8.3 경영학의 입장에서 본
융합수업 성찰' 과 연결

다음 학기에도, 이런 학제간 융합수업이 개설된다면 망설이지 않고 수강하고 싶고, 동료들에게도 추천하고 싶다. 앞으로 여러 전략 기획서를 작성한 경험을 토대로 더 나아가, 다양한 경영전공 학회에 참여할 계획이다. 학회 활동을 하면서 같은 분야를 전공하는 동료들과 함께 공모전 준비도 하며, 역량을 발전시킬 계획이다.

7팀 | 이성민 | 다름을 통한 배움

첫 융합수업과 프로젝트 발표를 성공적으로 마쳤다. 초반 수업을 시작하기도 전부터 3~4학년을 대상으로 하는 수업에 2학년인 내가 수강 신청을 하는 바람에 철회하는 게 어떻냐는 권유도 받았다. 하지만 결과적으로 한 팀의 팀장 역할까지 맡으면서 짐이 되지 않고 팀에 충분히 기여할 수 있었던 것 같아 더 보람이 있다.

매주 쏟아지는 과제와 처음 배우는 디자인과에서 사용하는 더블 다이아몬드 프로세스, 평소 접해 본 적도 없는 비대면 환경에서의 구글 툴과 MIRO를 활용한 조별 과제까지, 어색하고 어려운 것 투성이었다. 부족한 지식을 채우기 위한 플립드 러닝 과제나 다양한 리서치, MIRO를 활용한 회의 진행은 15주 차가 지난 지금에서야 아무것도 아니었다고 웃으면서 얘기할 수 있다. 정작 마지막까지 아쉽게 남은 것은 적응하기 힘들었던 기억보다, 조금 더 설득력 있는 아이디어는 없었을까? 발표라도 조금 더 잘했으면 좋았을 텐데, 팀원들과 직접 만나 더 깊게 이야기할 환경이 구성되었으면 어땠을까? 하는 것들이다. 2년 동안 진행된 코로나 상황으로 인해 비대면 수업과 회의에 어느 정도 익숙해졌다고 생각했지만, 특히 이런 다양한 사람들과의 의사소통과 협력이 중요한 프로젝트를 수행하는 데 있어 대면 진행이 가능했다면 어땠을까 하는 생각도 들었다.[88]

융합수업을 진행하면서 가장 크게 배울 수 있었던 것은 나와 다른 전공, 각기 다른 관점과 재능을 가진 사람들에 대한 이해였다. 나는 평소 수업에서도 조별 과제의 팀장을 맡거나 발표를 담당하고, 학생회나 동아리 등에도 적극적으로 참여하는 편인데, 아직도 스스로 많이 부족하고 앞으로도 배워야 할 것들은 무한히 생길 거라는 생각이 들었다.

다양한 의견이 충돌하는 과정에서 팀장으로서 어떻게 조율할 것인가, 평소 나도 고집이 있는 편이지만 내 의견은 어느 정도까지 주장하고 타인의 의견은 얼마나 수용할 것인가, 이 모든 것을 어떻게 조화시켜야 할지, 다음 단계로 나아가기 위해선 어떻게 역할을 배분해야 할지 각자의 장점을 어떻게 잘 결합해 결과물로 만들어낼지 스스로도 많이 고민하고 주변 사람들과도 이 고민을 많이 나누었다.

그 과정에서 능력 있는 팀원들의 도움을 많이 받을 수 있었고, 다른 전공이 가진 문제 해결 방식과 문제를 바라보는 관점을 이해할 수 있었다. 또 내가 가진 장점을 어떻게 활용할 것인지, 내 단점을 어떻게 보완할 것인지에 대해서도 배울 수 있었다. 추후 실무상황에서 각자의 지식과 능력이 어떻게 활용되고 기업 단위 프로젝트가 어떻게 진행되는지도 간접적으로 경험해볼 수 있었다.[89]

89
'3.1.4 인재상' 과 연결

이렇게 융합수업을 진행하면서 스스로 깨달은 것들이 많다. 나보다 더 능력 있는 다양한 사람들과 교류하면서 자연스럽게 경쟁의식도 생기고 비교도 했지만, 이 모든 과정이 앞으로 계속 마주칠 배움의 과정이고 재밌는 협력이자 경쟁이라고 생각했다.[90] 끝으로, 나에게 타 전공과 융합수업을 진행할 기회가 또 생긴다면 그때는 지금보다 더 나은 모습의 나를 기대할 수 있을 것 같다. 융합수업은 의지가 있는 다른 친구들에게도 충분히 추천해줄 만한 가치가 있는 수업이라고 생각한다.

90
'3.1.4 인재상' 과 연결

6팀 | 이창현 | 지각 수강 신청생이 우승팀의 팀장이 되기까지
시작부터 쏟아졌던 과제

첫 주에는 조금 당황했었다. 첫 주부터 계속 이어지는 강의 시간, 쏟아지듯 내어지는 과제에, 참고자료들로 볼 영상들도 여럿…. 사실 조금 긴장했었다. 수강 신청 지각생이라, 과 사무실에서 들어갈 자리가 있는 수업만 넣어줬던 것이니만큼 사실 물러설 곳도 없었다. 내어진 강의를 반드시 들어야 한다는 생각뿐이었다. 다만 그 쏟아지는 과제의 매력 포인트는 몇 개 있었다. 나는 경영학과 학생이고, 그런 나에게 건축디자인과 석사를 하는 오랜 친구가 있긴 하지만, 전공과 관련해서 업무적으로 얘기를 나눌 일이 없었고, 서로 대화하는 데 필요한 지식 뿐이었다. 과제를 통해 디자인이라는 것, 서비스 디자인이라는 새로운 지식을 배우면서 그 말 자체에 내 자존감을 충족시켜주는 무언가를 느꼈다.

우리도 알고 있다. 요즘은 '경영학과'라는 말 하나로는 살아남기 어렵다. 한국에는 너무나 많은 경영학과 학생이 있고, 나는 특출난 게 없었다. 강의의 매력 포인트는 이거였다. 산학협력, 타과와의 협력 강의 등, 이를 통해 무언가 증명할 수 있을 것이라 생각했다.

그래서 일단 수강하게 되었으니, 배우기라도 해보자. 마지막 학기의 마지막 강의가 될 것 같으니 무엇이라도 남겨야지 하는 마음으로, 첫 과제에 약 10시간 넘게 소모했다. 대학 생활로서는 완전히 꽝이었다. 매주 과제가 나올 것이 예약되어있는데 매번 그런 시간을 들인다면 다른 강의는 집중할 수 없었다. 과제를 내는 데 단어 하나하나를 쓰는 건 아니지만, '내가 맡은 경영의 내용을 최대한 쉽게 설명한다.', '내가 배울 디자인의 내용을 최대한 이해했다는 것을 증명한다'라는 마음가짐이었다.

사실 첫 주 과제를 하고 벌써 뻗어있었다. 그럼에도 그다음 주 강의에 또 열심히 참여할 수 있었던 것은 이 과제의 다른 매력 포인트들 때문이었다. 우리 강의는 특이했다. 다음 주에 배울 부분을 미리 한번 학습하고 정리 하는 '플립드 러닝'이라는 과제가 있었는데, 우리는 그것을 포함한 모든 과제를 서로 볼 수 있었다. 교수님들도, 다른 학생분들도, 모두가 내가 낸 과제를 읽어볼 수도, 비난할 수도, 참고할 수도 있었다. 교수님들은 학생들에게 서로의 과제를 읽어보라 말하면서, 동시에 직접 모든 과제를 읽으시며 댓글을 달고는 하셨고 모범 과제라 여기시면 과제 게시물 제목의 색상을 바꾸기도 하셨다. 어쩌면 내가 계속 달릴 수 있던 가장 큰 원동력이었을 거라고 생각한다.[91] 나는 내적 관종이라 내 과제들을 누군가 볼 수 있다고 생각했고 과제를 하는 동안 많이 힘들었지만, 그 과제로 칭찬 받을 때 뿌듯함을 느낄 수 있었다.

91
'6.3.3 교수 실재감'과 연결

우리가 조금 다르게 찾아낸 문제점은?

이번 강의는 조금 새로운 방식으로 이루어졌다. 산학협력이지만 일종의 테스크포스팀처럼 기업의 목표에 맞춰 우리가 프로젝트를 준비하는 것이었다. 명확한 목표, 명확한 재료가 있었다. 과제를 하고 이 프로젝트를 하면서 평소에도 느끼고 있었지만, 새삼 배워온 것에 따라, 경험에 따라 같은 것을 보아도 보는 시선은 전혀 다르다[92]는 것을 다시 한 번 느꼈다. 예를 들어 우리가 가만히 사과를 들여다볼 때, 우리(경영학과)는 사과의 껍질이 얼마나 상해서 가치가 얼마나 떨어질지, 이것이 얼마나 보관 가능하고, 누구한테 사과를 맡기면 싸게 사고 비싸게 팔 수 있을지, 사과의 당도는 얼마일지, 그럼 가격이 얼마일지, 이 사과를 팔기 위해 어디로 갈지를 고민한다면 우리랑 함께한 디자인과는 그 사과가 어디에 놓여 있는지, 그 사과가 왜 놓여 있는지, 어디에 놓여있어야 더 조화로울지, 사과가 달콤하게 느껴지는 이유는 무엇인지, 누군가한테 그 사과를 선물할 때 계속 달콤하게 느껴질 방법을 고민하는 사람들이었다. 물론 난 예시를 든 거라 디자인과가 사과를 볼

92
'3.1.4 인재상'과 연결

때 어떤 생각하는지는 알 방도가 없다. 그저 이해를 돕기 위해 서술했을 뿐이다. 다만 이러한 시선의 차이로 서로 발전적인 토의를 하는 것은 항상 새로운 걸 찾는 것을 좋아하는 나에게 즐거운 시간이었다.

평소에는 대학생까지 되어서도 방학이 짧다 느꼈다. 나는 학기 중에 잡힌 약속은 거의 가지 못해서 보통 방학이 되어야 약속을 잡는 편이고, 학기 중에는 일과 일상을 병행할 수 있는 생활을 못 한다고 생각한다. 그래서 늘 방학이 짧았다. 그런데 이번에는 학기가 너무 짧았다. 잠깐 과제 한다고 있었는데, 막 시작한 자취가 익숙하기도 전에 중간고사 기간이 다가오고 있었고, 우리는 중간발표를 준비해야 했다. 아직 여름은 가시지 않았고, 더운 무더위에 방바닥에 앉아 노트북으로 ZOOM을 하던 나는 핸드폰과 데스크탑을 병행하여 강의를 듣기 시작했다. 이때쯤 중간발표 얘기가 나오고, 우리가 그동안 해온 얘기, 관찰, 조사들을 모으다 보니 느낀 게 있었다. (팀원들이 함께 느끼고 내 말을 따라 줬던 건지 모르지만 그러지 못한 채 따른 것이라면 그저 미안할 뿐이다. 팀원들의 그 날 여름에 있었던 일은 난 아직도 모른다.) 나는 우리가 하고 있는 기업의 문제가 시각적으로 보이고, 동시에 종합적으로 받아지리라 생각했다. 우리는 기업의 문제를 분석 중이었는데, 경영학의 관점에서, 또 디자인의 관점에서 각각의 과의 특색을 토대로 학습했던 전략적인 기법으로 모든 것을 분석하고 있었다.

근데 조금 어색했다. 우리는 기업의 콘텐츠를 맡고 있었는데, 사실 젊은 학생들은 알겠지만 우리는 무언가를 볼 때 종류를 가리지 않는다. FPS 게임을 즐기지 않는 사람이 FPS 게임 영상을 보고, 앞서 말한 건축 디자인과의 친구는 잘 때마다 우주 다큐멘터리를 본다. 당장 나 또한 우리가 분석할 목표 군에 들어갔는데, 나는 게임도 보고 다큐멘터리도 보고, 파쿠르도 보고 공연도 찾아보고, 귀여운 것도 찾아보고, 가끔 정글에서 땅을 파서 집을 짓는 영상도 본다. 무슨 말이냐면 무슨 말인지 헷갈릴 만큼 우리는 다양한 것을 본다. 우리가 목표로 한 MZ 세대의 콘텐츠 수용력은 지나치게 넓다는 것이다. 중요한 것은 재미가 없거나 흥미가 안 가면 아예 보지 않는다는 것이다.

우리는 사실 문제점과 우리가 잡아야 할 포지셔닝을 알고 있었다. 위에서 언급한 전략적인 분석으로 우리의 장단점, 위기와 기회, 위치 등을 정밀 관측해서 퍼즐처럼 넓은 그것을 이리저리 꼬고, 잘라 분석하여 구체적이고 아주 크고 튼실한 판 위에 채워 넣고 있었다. 나는 근데 그게 필요 없다고 생각했다. 시간이 없어, 나는 퍼즐이 아니라 그림을 그려야 한다고 생각했다. 우리는 학생이고, 각자 일과 학업을 병행하고 있기에 매일같이 함께 시간을 낼 수도 없었으며 수천, 수억씩 조사비를 받아서 어떤 분석을 시간 대신, 돈으로 때울 수 있는 방법도 없었다.

퍼즐 게임을 한다면 그 많은 피스 중 중요한 것만 도트그림마냥 남을 것 같았다. 나는 드로잉스케치라도 제대로 그리자고 생각했다. 어차피 문제점은 알고 있었으니까. 그래서 팀원들에게 얘기했다. 우리는 전략 기법 같은 거 다 빼버려도 되지 않냐고. 팀원들은 흔쾌히 응했다. 우리는 중간발표에 유일하게 기법 따위 쓰지 않고 기업이 하고 있는 것만 다룬 팀이 되었다. 장점과 단점은 확실했다. 우리는 누구보다 우리가 해야 할 것들의 문제를 아주 명확하게, 직접적이고 어쩌면 조금 공격적으로 느껴질 만큼 제대로 지적했다. 다만 단점은 다른 모든 것을 제쳐두고 문제점만 도마 위에 선명하게 올려놓았다는 것이다. 그리고 발표 장표 분량이 적어졌다.

내가 겪었던 문제들

중간발표에서는 꽤 유의미한 성과를 받았다. 가시적으로 얼마의 매출 증진이나 이런 건 아니었다. 애초에 그런 발표도 아니었고 실제 실행도 안 했으며 처음부터 문제점을 분석해서 앞으로 그 문제점을 어떻게 대할 건지에 대한 발표였다.

다만 서로가 매기는 점수 평균을 낸 그래프를 받았는데, 결과가 어떨지 불안해서 스스로 그 그래프를 모두 포토샵으로 하나하나 다 따서 합쳐 봤었다. 받아 본 그래프가 가시성이 없어서 팀원들에게 공유하기 위해 새로 만든 것처럼 보이지만, 그건 나를 위한 거였다. 당시 발표는 그동안 해온 작은 강의실에서 하는 게 아니라 대강당 같은 곳에서 마이크와 레이저 포인터, 피피티 리모컨을 들고 하는 발표여서 스스로 실수가 많았다고 느꼈다. 그나마 '말'이라는 것에 대해 자부심을 갖고 있던 나를 파괴하는 날이었다. 그래서 끝난 뒤 평가 점수라도 봐야 안심할 수 있을 듯했다. 다행스럽게도 나쁘지 않은 성과를 냈다.

그러나 나쁘지 않은 성과와 다르게 기말고사로 가며 내가 느끼는 부담감은 커지고 있었다. 나는 작년에 다리 수술을 하고 개인적인 휴식을 위하여 1년 정도 휴학을 하고 왔기에, 비대면 환경은 올해가 처음이었다. 지금 생각해보면 비대면 환경 특유의 프로그램들은 대면 수업에서도 계속 사용할만한 정말 좋은 것들이었지만, 비대면 자체에 대한 적응은 힘들었다. 나는 MZ세대이지만 Z세대인지는 모르겠는 게, 아직 직접 머리를 맞대고 토론하는 게 더 익숙했었다.

그 와중에 첫 프로토타이핑을 완전히 확신하지 못하고 있었다. 가장 먼저, '캐릭터'가 우리의 중간발표 내용과 어떻게 이어지는 것인지 설명할 방법을 몰랐다. 처음 우리의 프로토타입으로 '캐릭터'가 나왔을 때, 그 시장이 크다는 걸 알고 있었고, 실제로 나도 캐릭터 굿즈를 보유하고 있지만, 그 캐릭터라는 것이 의류 기업과는 맞지 않다고 생각했다.

그러나 동시에 모순적이게도 잘 적용시킬 수만 있다면 이것만큼 MZ 세대의 흥미를 끄는데 도움 될 것이 없다는 생각이 들었다. 우리가 찾은 문제점은 고정적인 흥미 구조가 없다는 것이었고, 지속적으로 폭넓게 모두에게 받아들여질만한 무언가를 이용해 어필하자는 거였다. 하지만 그걸 어떻게 의류기업에 적용할지, 그래서 정말 가능성 있을지, 사람들에게 설득하기 전에 내가 설득되어 자신감 있게 주장할 근거가 처음엔 없었다. 물론 지금 생각해보면 당연하다는 것을 알고 있다. 이 얘기를 처음 했을 때 우리의 목적은 방법을 찾는 것이지, 그 방법을 어떻게 구현하고 실현할 것인가는 아니었기 때문이다. 하지만 매주 다른 팀들과 경연을 하는 게 아니라 우리의 프로젝트를 진행해야 하는 시점이었고, 이런 경험이 없던 나는 불안감에 휩싸이고 있었다.

불안감을 더하는 것은 중간발표의 전략 기법 부재였다. 프로세스 리포트를 만들며 옆 팀들 것을 염탐해 보았다. 우리는 전략 기법들을 다 건너뛰고 인사이트 자체에 집중하고 심화로 가다 보니 아무래도 옆팀과의 분량 차이가 컸다. 디자인과 학생들이 모두가 바쁘게 일하는 중인데, 나도 뭐라도 해야 한다고 생각했다. 하지만 개인사와 더불어 시간도 많지 않았고, 없던 전략 기법을 억지로 만들어 넣자니 크게 만들어 놓은 그림에 필요 없는 게 들어가, 그 '과함'이 우리의 이야기를 망치는 느낌이었다.

위에서 짧게 언급한 개인사도 문제였다. 나는 졸업학기를 보내고 있었고, 논문, 내년의 계획 등으로 정신 없었는데 알바하던 곳에서 코로나 확진자가 수십 명이 발생하며 갑작스러운 자가 격리 통보까지 받았었다. 갑작스런 자가 격리에 당시 생활비도 빠듯했고, 밤산책을 하루에 3~4시간씩 꼭 나갈 정도로 바깥 공기를 쐬는 것을 즐기던 나는 계속 이어지는 방 안 생활 속에서 무너져 가고 있었다.

내 개인사와 관계없이 시간은 흐르고 있었고, 우리는 기말발표를 준비해야 했다. 다행스럽게도 나의 올해 조별 과제는 너무 마음에 드는 팀원들로 구성이 되어 있었고, 내가 한동안 강의 외 시간에 헤매는 동안에도 우리 팀원들은 서로 지탱해주고 있었다. 덕분에 나도 뒤늦게 다시 정신을 차리고 준비를 시작했다.

우리의 최종발표

최종발표도 조금 독특하게 갔다. 꼭 남들과 다른 것을 추구하는 건 아니지만, 남들과 다르게 한다면 같은 기업을 대상으로 여러 팀이 문제점에 대해 발표하는 날 우리가 내세울 경쟁력인 동시에, 내가 느꼈던 혼란에 대한 설명과 프로젝트 자체의 설득력을 더해줄 것이라고 판단 하였다. 그래서 기말발표 얘기가 나올 때 리디파인 얘기를 꺼냈다. 팀장들에게 해당 최종발표회가 어떻게 이뤄질지 공개되었을 때 나는 그 규모에 조금 당황스러웠다. 많은 긴장이 따랐고, 많은 고민을 했다.

나는 거의 2년 6개월 만에 대본을 챙겨 발표에 참가했다. 이전까지 발표할 때만큼은 대본을 챙기지 않았다. 발표를 할 때는 반드시 대본을 다 외웠거나, 머릿속에 해야 할 말이 정리 되어있어야 하고, 시선은 대본이 아니라 늘 앞을 향해 있어야 한다고 생각했기 때문이었다. 항상 주변 사람들이 발표 할 때는 무슨 말을 해야 할지 모르겠다고 하지만, 나는 아무 주제에도 30분, 1시간을 떠들 자신이 있었다. 그러나 이번 발표에서 우리가 할 말은 너무 많았고, 내게 주어진 것은 고작 3분 내지의 시간이었다. 처음 생각했던 내 장표들에서 절반은 준 것 같았다. 그럼에도 불구하고 전날 팀원들과의 리허설에서 나는 여전히 할당된 시간의 두 배에 가까운 시간을 잡고 있었다. 그날 밤을 새서 대본을 줄이고서도 혹시라도 발표 중 말을 더듬거나 실수하여 시간을 붙잡아 버릴까 봐 나는 대본을 준비해 갔다.

사실 그날 발표에서 많이 안심했다. 중간발표 때 우리가 메인으로 다뤘던 인사이트, '기업 SNS 인사이트'의 비중이 다른 조에서도 많이 늘었다는 사실 자체가 계속 내가 가지고 있던 불안감을 달래주었다.

기말발표가 끝나고 그다음 주, 시상 시간이자 뒤풀이 시간에 너무 불안해서 평소대로 떠들지도 못하고 그저 숨죽인 채 시간을 기다렸다. 마침내 1등 팀이 발표되었을 때 내가 카메라를 늦게 킨 것은, 비명을 지르느라 그런 것이었다. 어릴 적 수영대회 선수권에서 금메달을 받았을 때보다 기뻤던 건 '나의 성과'라는 것을 찾던 방황의 시기라 그랬을까, 그 감정을 그대로 많이 즐겼다.

마침내 학기는 끝났다. 마지막 학기는 아니게 되었지만, 아마 내 대학생활 중 가장 인상 깊은 기억이 남은 마지막 강의가 아니었을까 한다. 타 과와의 교양이 아닌 타 과와의 복합적인 시야 교차, 새로운 배움, 기업과 함께하는 강의에서의 성과 그 모든 것들이 큰 기억이 되어 남을 것 같다.[93]

9-2

디자인전공 수강생

6팀 | 김승환 | 자퇴를 고려하다가 1등 팀원이 되기까지…

이러한 표현이 맞는지 잘 모르겠지만, 학기 초의 나는 열렬 자퇴 희망생이었다. 자퇴를 한 뒤에 학원에 가서 여러 기술을 익히고 싶었다. 실제로 나는 여러 학원에 문의했었다. 하지만 자퇴를 하기도 쉬운 일이 아니었다. 여러 교수님과 상담을 해야 했고, 제출할 서류도 많았다. 서류 준비를 하던 중 이상선 교수님께 연락이 왔다. 나는 이미 자퇴를 확실하게 결정했기에 이상선 교수님을 잘 설득해서 자퇴 확정을 지으려고 하였다. 그리고 교수님과의 통화에서 여러 이야기를 나누게 되었다. 시간이 좀 지난 지라 모든 내용이 기억나지는 않지만, 그때 들었던 마음가짐은 확실하게 생각이 난다. 통화가 끝난 뒤, '어떤 일이든 확실하게 끝내자'라는 마음가짐을 갖게 되었다. 또한 학교에서 배울 수 있는 공동체 내에서의 배움을 경험해보자, 기술적인 내용은 꼭 학원이 아니더라도 언제든 익힐 수 있겠다는 생각도 들었다.

나는 '남은 수업을 확실하게 마무리해 보자'고 생각했다. 아마 그때부터 이번 수업에 본격적으로 집중하기 시작했다. 그동안 수업에서 한 회의 기록을 다시 살펴봤고, 우리 팀이 어떤 위기에 처했는지, 그리고 어떠한 결과물을 내야 할지 다시 생각해 보았다. 그동안 팀원 간 회의를 그냥 대충 넘기기만 했는데 자세하게 들어보니 새로운 아이디어들이 나오기 시작하였다. 이왕이면 내가 잘 할 수 있는 영상 편집, 3D 프로그램을 이용하여서 정말 멋진 영상을 만들어 보기로 하였다. 영상을 만드는 것이 쉬운 일만은 아니기에 몇몇 팀원들은 약간 걱정하기도 했지만, 나는 왠시 모르게 자신감이 있었다. 팀원들과 교수님의 적극적인 도움과 캐릭터 디자인을 담당한 팀원이 디자인을 잘 해주어서 과제 진행에 박차를 가했다.

하지만 팀원 중 3D 도구를 다루는 사람은 많지 않았기에 스토리보드부터 모형화, 화면 구성 등 영상 파이프라인을 모두 내가 주도적으로 담당해야 했다. 그렇다 보니 중간중간 마감이 너무 빡빡한 것이 아닌가…. 하는 생각이 들었지만, 나의 최우선 목표는 '마감'이었다. 중간중간 팀원들과의 피드백을 통해서 영상을 잘 마무리시켜갔다. 내가 잘 할 수 있는 영상, 3D를 하는 것이니 더욱더 재미있었고, 그만큼 빠르게 프로젝트를 진행할 수 있었던 것 같다. '학교'라는 공동체가 아니었다면 이러한 과정이 더 힘겨웠을 것이다.

과제 마감날까지 내가 할 수 있는 최선을 다해서 영상을 마무리 지었다. 그리고 최선을 다했기에 후회는 없었다. 마침내 나의 영상을 첨부한 발표자료로 강당에서 발표했다. 이번 발표에서는 내가 무엇을 했고 왜 이러한 프로젝트를 제작하였는지 잘 알고 있었기에 발표도 굉장히 매끄럽게 진행이 되었다. 또 내가 선보였던 영상의 반응도 꽤 긍정적이었다.

최종적으로 우리 조는 이번 산학프로젝트에서 1등 상을 받았다. 사실 1등까지는 생각을 못 했지만, 좋은 결과를 낼 것이라고는 어느 정도 예상했었다. 왜냐하면 중간중간 스스로 영상을 점검해 보면서 나 자신도 이 영상이 재밌다고 느꼈기 때문이었다. 누군가 시켜서 한 것이 아니라, 스스로 재미를 찾아서 과제를 진행했더니 그 시너지가 엄청났다. 또한 항상 마음속에 생각하고 있던 '어떤 일이든 확실하게 끝내자'를 완수하고 나니 그 가치가 더 값지게 느껴졌다.

만약 내가 중간에 자퇴했거나 혹은 어영부영 과제를 제출만 하자는 생각으로 마감했다면 이렇게 좋은 결과는 따라오지 않았을 것이다. 학교라는 공간은 단순하게 기술을 익히는 곳이 아닌 여러 사람과의 지식과 감정을 교류할 수 있는 공간이다. 이 수업을 통해 이러한 사회화의 과정을 거치면서 한층 더 성숙해진 내가 된 기분이 들었다.[94]

94
'8.4 디자인과 입장에서 본
융합수업 성찰'과 연결

2팀 | 김지운 | 나서서 기회를 잡은 나는 현명했다

이 수업에 대한 후기를 감히 한 문장으로 정리한다면, '나서서 기회를 잡은 나는 현명했다.'라는 생각이 먼저 든다. 디자인학과에서 커뮤니케이션 트랙을 전공한 나는 트랙 커리큘럼 상, 굳이 이 수업을 듣지 않아도 되는 학생이었다. 사용자 경험 디자인이 궁금했고, 자세히 배워보고 싶었던 나는 1학기에 이 '융합 창업 종합설계' 수업의 선이수 과목이라고 할 수 있는 '미디어 인터랙션'이라는 수업을 먼저 들었다. 이 수업을 듣고 나서 더 배워보고 싶은 마음에 '융합 창업 종합설계' 수업에 대해 알아보았다. 이 수업은 다른 과와 함께 활동하고, 산학 협력으로 이루어진다는 흥미로운 사실에, 배운 지식을 더 확장시켜 재밌는 프로젝트를 해볼 수 있겠다는 생각이 들었다. 그래서 이 수업도 이어서 듣게 되었다. 아니나 다를까 이 수업은 재미있었다. 단순하게 표현했지만, 정말 진심을 담아 재미있던 수업이었다.

다른 학과 학우들과 팀을 이뤄 함께 프로젝트를 진행하기에, 내가 알지 못하는 다른 전공의 지식을 배울 수 있었고, 그 지식을 내 전공에서 어떻게 녹여낼 수 있는지를 직접 경험해볼 수 있었던 것이 너무 즐거웠다. 또, 산학 협력으로 실제 기업의 니즈를 고려하는 프로젝트여서, 단순하게 수업의 일환 정도가 아니라 프로젝트에 현실성이 느껴져, 더 잘 몰입되는 것이 흥미로웠다. 프로젝트 과정에서는 다른 전공자와 소통하기 위해 가져야 할 태도나 마음가짐 등을 배울 수 있었고, 서로 간의 의견을 조율하는 방법과 더 나은 팀워크를 위해 고려해야 할 부분들을 더 깊게 생각해볼 수 있었다. 이렇게 배워가는 것들이 많은 데다, 팀으로 만났던 팀원들이 다들 개인 역량이 뛰어나고, 성격도 좋아서 이 수업이 더욱더 기억에 남는다.[95]

사실 처음에는 이런 수업이 비대면으로 이루어져서 걱정되었다. 아무래도 최상의 팀워크를 내려면 소통을 많이 해보는 것이 중요하다고 생각하는데, 코로나 때문에 대면하기 어려운 상황에다, 타과 학우들과는 얼굴 한번 본 적 없는 초면이기에 소통이 꽤 쉽지 않겠구나 싶었다. 하지만 ZOOM을 비롯해 MIRO라는 워크 플랫폼을 사용하면서 수업 시간 내에서 팀 활동 시간을 꾸준히 갖고 활동하다 보니, 걱정과는 달리 빠르게 친해지고 빠르게 한팀이 되었던 것 같다.

대면으로 하지 못해 아쉽다는 생각이 점차 줄어들 정도로 비대면 수업에 적응할 수 있도록 도와주시고, 수업이 즐거울 수 있도록 신경 써주신 교수님들과 제3의 교수님, 기업 매니저님도 계셔서 코로나 시국이지만 나에게 아쉬운 것 없던 비대면 수업이 되었던 것 같다. 상선 교수님, 허정 교수님, 예진 매니저님 감사합니다!

그래서 다시 한번 결론을 꺼내자면 굳이 나서서, 이 수업을 신청하여 수강한 것이 너무나 잘한 일이라고 생각한다. 만족도 100%의 즐거웠던 시간과, 추억과, 경험이었다. 한 학기 내내 좋은 결과물을 위해 함께 노력해준 팀장 경일님, 팀원 상준님, 기선님, 민지님, 명서님 모두 너무 감사합니다. 덕분에 좋은 추억 만들고 갑니다:) 마지막으로 외쳐보는 2팀! 우리가 최고였다! 다들 고생 많으셨습니다:)

3팀 | 이경엽 | 서로에게 배우는 융합수업

대학교 3학년 2학기, 내가 군복학을 하게 된 시점이자 산학협력 프로젝트에 참여하게 된 시점이다. 고학년에 복학하게 되어 기본 디자인 툴을 다루는 것조차 서툰 상태에 선행 수업도 이수하지 않았고, 동기들은 한참 전에 졸업해버린 '노답 복학생'이었다. 그래서 수강 신청을 할 때 스스로도 자신이 없었고, 교수님 또한 걱정을 많이 했지만 '졸업'을 위해 무작정 부딪혀 보기로 했다.

1학기에 배운 내용이 필수적이라서 수업을 들으면서 1학기 과제와 2학기 과제를 병행했다. 포스팅은 당연히 각오했지만, 처음이라 4시간, 5시간 걸려서 해내고 앞을 보면 2학기 과제가 남아있는 아찔한 경험이 되었다. 이런 과제들을 한 후에 팀 프로젝트를 하며 깨달은 것이 하나 있다. 자신이 아는 것을 남에게 설명할 때, 생각을 글로 정리하는 법, 글을 읽고 싶게 쓰는 법이 얼마나 중요한지 알았다. 자신의 생각을 글로 적을 정도가 되어야 다른 사람을 이해시킬 수 있다고 생각한다. 그래서 이 과제가 선행된 덕에 팀원들과 회의가 아니더라도 메일, 카톡, 다양한 글을 이용해 의사소통할 수 있었다. 어찌 보면 가장 기본적인 능력, '의사소통'이지만 수업을 통해 내가 많이 부족했다는 것을 알게 되었고, 그 부분을 보완할 수 있는 기회가 되었다.[96]

이런 훈련 덕분에 학기 초, 의견 제시를 잘 하지 못 하던 나는 점차 팀에서 많은 안건들을 가지고 회의에 참여하게 되었고, 팀원들 역시 반겨주었다. 그렇게 팀원들과 즐겁게 과제를 하면서 각자 잘하는 것이 다른 점이 당연하지만 내게는 신기해 보였다. 행운인 것은 팀원들이 각자 잘하는 것을

96
'3.1.5 학습목표'와 연결

내게 가르쳐주어 아무것도 할 줄 아는 게 없었던 내가 단기간에 많은 성장을 할 수 있었던 것이다. 나도 팀원들에게 좋은 영향을 주었는지 확신할 수는 없지만, 서로가 서로에게 배울 수 있다는 부분이 다른 수업들과 비교되는 강점이라고 생각한다.

하지만 우리 팀은 중간발표 때 완전히 망했다. 피피티 제작에 너무 집중한 나머지 정작 중요한 내용, 발표에 대한 준비가 부족했던 게 원인이었다. 밤을 새워서 준비한 발표가 이런 결과를 가져왔다는 것이 믿기지 않았다. 이틀 밤을 새웠는데 중간발표 후에 화가 나서 전혀 졸리지도, 피곤하지도 않았다. 이때가 전환점이 되었다. 부족한 능력을 탓하며 '팀원들에게 짐이 되지 않아야지'라는 마음가짐으로 프로젝트에 참여하고 있었다. 하지만 중간발표를 기점으로 '다시는 창피함을 느끼며 강연장을 나오지 않겠다.'로 목표가 바뀌었다.[97] 확실한 마인드 셋을 가지고 프로젝트에 참여하니 풀리지 않던 문제들도 해결되고 프로젝트에 대한 팀원들의 집중도도 올라가는 좋은 경험이었다고 생각한다.

97
'7.3.1 발표의 교육효과'와 연결

이번 프로젝트는 BARREL이라는 큰 기업과 산학협력을 했다. 나는 솔직히 아쉬움이 남는다. 프로젝트에 몰입해서 종강한 지금도 관련 기사들을 보며 "이런 아이디어를 제안할 수 있었을 텐데…." 라고 동기들과 이야기하고, 복학 전 UX에 무지했던 나를 떠올리며 "UX를 잘 알았다면 초기 단계에서 더 탄탄하게 진행 할 수 있었을 텐데…." 하고 후회하기도 한다. 하지만 지나온 과정은 정말 후회 없었다. 좋은 팀원들과 두 교수님, 그리고 배럴 매니저님 덕에 짧은 시간 동안 많은 성장을 할 수 있었다. 이제 트랙이 없어진 20학번들에게 적극적으로 추천하려 한다.

5팀 | 최인선 | 배움의 태도를 배운 융합수업

3D 외길 인생을 계획해 온 나에게 이번 융합수업은 혼돈 그 자체였다. 이대로 가다간 3D가 아닌 UX UI를 하고 있을 수도 있겠다는 불안감이 엄습했달까. 나에게 UX UI 매력을 제대로 맛보게 만든 이 수업 덕에 나의 앞으로의 진로가 좀 더 재미있어지기 시작했다.

이 수업은 코로나 확산으로 인해 대부분 비대면으로 진행되었지만, 대면보다 더 넘치는 생동감과 현장감을 개개인 방구석까지 전달했다. 우리 수업 중 가장 바쁜 사람을 뽑으라 하면 난 채팅창이라고 말하겠다. 우리 수업 구성원 일부가 되어버린 이 채팅창이 없으면 그만큼의 현장감을 느끼지 못했을지 모른다. 이 채팅창의 역할은 어마어마하다. 교수님과의 수업 중 조크를 가능하게 하고 일면식 없는 사람들과의 단합력과 소속감을 만들어 낸다. 이런 조크를 수업 시간 내에 허용하게 한 것은 우리들의 조크를 학생들끼리만 공유하는 것이 아닌, 수업 안으로까지 끌어들여 우리의 집중력을 높였다.[98]

98
'6.3.1 사회적 실재감'과 연결

　　내성적인 나에게 처음 이 수업은 쉽지만은 않았다. 비대면인 만큼 더욱 활발한 채팅창 사용과 비언어적 표현 사용을 적극 권장하는 이 수업에서 나는 항상 채팅창에 글을 적었다 지우기를 반복하는 과정에 서 있었다. 그러다 어느 순간 고민 없이 엔터를 누르며 채팅을 올리는 내 모습을 발견하게 되었다. 이 수업의 가장 큰 매력은 '물 흘러가듯 자연스러움' 과 '교수자가 아닌 학생들이 이 수업의 주인공이 되는 것'이다. 내성적인 내가 상상할 수 없던 채팅창 사용을 어느 순간 자연스럽게 하고 있게 만든다. 어쩌다 내가 바뀌었을까 고민해 보면 그 이유는 이 수업에서 주인공이 바로 나, 그리고 우리 동기들이었기 때문이라는 확신이 있었다. 말도 안 되는 오답과 조크를 적고 또 그걸 하나하나 받아쳐 주는 교수님과 동기들의 모습에 자연스럽게 모두가 용기를 얻어 두려움 없이 이 수업에 적극적인 자세로 임할 수 있던 것 같다.[99]

99
'6.3.3 교수 실재감'과 연결

　　적극적인 자세는 곧 우리에게 욕심을 심어 주어 프로젝트에 대해 더 깊게 고민하게 만들었고, 더 많은 산출물과 스토리텔링을 만들기 위해 효율적으로 일을 진행하는 방법을 일깨워 주었다. 또한 이러한 욕심이 다른 팀의 발목을 잡고 1등이 되려 하는 것이 아니라 결국 모두가 한팀이 되어 선의의 경쟁을 할 수 있게 만든 것은 이 수업의 큰 단합력과 소속감에 있었다. 개개인 모두가 좋은 성장을 이룰 수 있었던 것은 이 수업의 생동감, 현장감, 소속감, 단합력, 주인공이 됨, 자연스러움, 욕심, 같은 요소들이 서로 좋은 상호작용을 이뤘기 때문이고, 이러한 요소 중 어느 하나 더 튀지 않고 밸런스가 잘 맞았기 때문이다.

9-3

출판팀

1팀 | 김유리19 | I'm on the next level! ♪

호모 루덴스(Homo Ludens)는 유희하는 인간을 뜻하는 용어이다. 요한 하위징아에 의해 창출된 개념이며 인간의 본질을 유희라는 점에서 파악하는 인간관인데, 해당 인간관으로 나 자신을 바라보자면 그야말로 정반대의 인간형이라고 할 수 있다. 나는 상대적으로 감정 기복이 적은 성향을 가져 편리한 점이 많지만 기쁨이나 즐거움 따위의 삶의 원동력이 되어주는 감정 또한 잘 느끼지 못하기에 조금은 퍽퍽하게 산다고도 말할 수 있다.

이런 나에게 이번 융합수업은 대학 입학 후 들었던 모든 강의 중에 가장 재미있었는데, 그 이유는 크게 세 가지로 정리해볼 수 있다. 첫 번째는 런칭 시점부터 긍정적으로 인식하고 있었던 브랜드인 배럴이 산학 협력 기업이었다는 것이고, 두 번째는 물적 자원의 지원 덕분에 막연하기만 했던 상상 속 멋진 프로토타입들을 마음껏 제작해볼 수 있었기 때문이다.[100] 마지막으로 세 번째 이유는 기업과의 산학 협력, 타 전공과의 융합 속 실무에 대한 현실감을 경험할 수 있었기 때문이다.[101] 이 수업에 대한 후기를 다른 학교에 재학 중인 친구들과 종종 공유했었는데 정말 많은 부러움을 샀다. 그야말로 대학생이라면 누구나 탐낼만한 황홀한 기회인 것이다.

팀 프로젝트를 할 때 나의 목표는 늘 변함없다. 바로 대체 불가능한 구성원이 되는 것이다. 기말 발표와 종강 파티를 마치고, 나는 유난히도 보람찬 기분이 들었다. 민망하지만 나의 목표 달성을 체감했던 것 같다. 항상 모든 수업을 차별 없이 열심히 듣는다고 생각했지만, 사실은 알고 있었다. 스스로 그린 어떠한 한계에 나를 가두고 규율하고 있었다는 것을 말이다. 나는 이번 학기에 그 경계를 넘었고, 나 자신과 주변의 것들까지 모두 리프레쉬할 수 있었다.

수업의 연장선으로 이 책의 편집 디자인을 맡게 된 것에도 우여곡절이 있었는데, 평소 완벽한 결과물로 책임지지 못할 범위에는 손을 대지 않는 스타일이기에 정말 오랜 시간 고민을 했다. 하지만 이 수업을 나의 것으로 만들고 싶다는 욕심이 생겨 결국 새롭게 얻게 된 자신감을 발판으로 이 책의 편집 디자인에도 도전하게 되었다. 결론적으로 이 또한 정말 값진 배움이 되었다. 디지털콘텐츠 트랙의 나는 제대로 된 책을 만든 경험이 없어 걱정이 많았지만, 결국엔 후기 글을 쓰는 이 시점에 책의 완성을 눈 앞에 두고 있다. 이전에는 잘 몰랐던 인디자인 기능을 익힌 것도 좋았지만, 편집 디자인 또한 UX 디자인이었다는 깨달음과 함께 독자를 고려하고 공감하는 시점을 얻게 되어 단기간 많은 성장을 할 수 있었다. 2021년 가장 히트한 곡의 가사가 떠오른다. I'm on the next level!

출판까지 이어졌던 이 긴 여정은 지난 몇 년간의 모든 것 중에서 내가 가장 원했던 자극이었다. 비대면 상황 속에서도 내가 사랑하는 다양한 사람과의 교류를 충분히 실재감 있게 경험할 수 있었고, 낯선 사람들의 낯선 능력을 보며 열정과 영감을 얻었다. 사고의 관점을 확장해준 이 여행은, 모든 일은 유기적으로 연결되어 있다는 것을, 그렇기에 모든 일에 최선을 다해야 한다는 것을 알려준 진정한 경험(Real Experience)[102]이 되었다.

102
8.4 디자인과 입장에서 본 융합
수업 성찰'과 연결

5팀 | 김혜수 | 나의 한계를 확인하고 뛰어넘는 경험

중간발표 최약체에서 최종 2등팀이 되기까지, 다사다난한 5팀의 팀장으로서 이번 융합수업은 그야말로 고통의 연속이었다. 경영학과 팀원들의 탈주, 장렬하게 망쳐버린 중간발표, 중반부에 들어섰는데도 제대로 잡히지 않은 팀 컨셉. 저번 주 좋다고 채택된 아이디어가 이번 주엔 송두리째 바뀌는 일이야 예사. 급기야 최종발표 2주 전부터는 팀원 두명과 함께 저녁부터 다음날 오전 8시까지 7층 실기실에서 꼬박 밤을 새고 좀비같은 꼴 그대로 6층 디자인과 사무실로 출근하는, 퇴근없는 삶까지 경험했다.

이쯤되면 융합수업이라면 학을 떼고 냅다 도망가야 정상일텐데, 나는 종강파티 사회자를 자원한 것도 모자라 노답교실 출판팀 행정까지 도맡았다. 그렇다. 스스로도 이해하기 힘들지만, 고통과 고난의 연속이었던 이번 융합수업은 내가 4년간 들었던 모든 수업들 중 가장 재밌고 즐겁고 보람찬 수업이었다. 이 수업을 마음속에서 떠나 보내고 싶지 않아서 어떤 감투라도 기꺼이 짊어질만큼이나.

어떻게 이런 일이 가능하지? 늘 궁금했는데 이번 노답교실 집필 과정을 통해 교수님의 치밀한 수업설계를 들여다보니 아, 교수님은 다 계획이 있으셨구나….[103] 내가 힘들다고 징징거리던 순간도 성취를 느꼈던 순간도 다 교수님 손바닥 안 이었구나…. 하고 고개를 끄덕이게 된다.

103
'5.3 한 차시 수업의 운영'과 연결

돌이켜보니 모든 악재들은 호재가 되어있다. 팀원이 적어지니 오히려 결속이 단단해졌다. 인생 최악의 발표였던 중간발표는 팀장으로서 나의 단점을 자각하고 반성하는 계기가 되었다.[104] 매주 피드백을 받고 주제를 바

104
'7.3.1 발표의 교육효과'와 연결

꿰나가며 갈팡질팡하던 과정들은 문제의 본질에 대한 통찰력을 키워줬다. "우린 바닥을 찍었으니까 올라갈 일만 남았어요. 진짜 잘해봅시다. 충분히 할 수 있어요! 배럴 상품권 받자!" 팀원들을 위로하기 위해 했던 말들이 정말 그대로 다 이루어진 미래를 10월의 혜수는 상상이나 했을까?

내 한계를 확인하고 이를 뛰어넘는 경험을 하고 싶은 모든 후배들에게 기꺼이 이 수업을 추천한다.

1팀 | 심지혜 | 나는 경험디자이너다
있어 보이는 UX, BX

디자인학과에 와서 User eXperience라는 것이 굉장히 매력적으로 다가왔지만 제대로 배우기 전까지는 UX가 무엇인지 제대로 설명할 수가 없었다. 머릿속에 어렴풋이 그려져서 느낌은 알겠는데, 정확히 뭔지는 몰랐다. 그래서 너무 궁금했다. 근거 없는 자신감이었지만 뭔가 나의 길 일 것만 같았다. 3학년 1학기에 'UX디자인 기초' 수업을 통해서 UX를 처음으로 제대로 배웠다. UX의 프로세스를 배우고 나서, 3학년이 되기 직전까지도 'UX는 어쩌면 웹이나 앱을 디자인하는 게 아닐까' 하는 생각을 했던 내가 너무 바보같이 느껴졌다. 그 무렵 나는 'BX'라는 개념도 배웠다. 내 머릿속에서 UX와 BX(Brand eXperience)가 너무 매력적이라는 생각이 들었다. 하지만 여전히 그 둘의 차이는 커녕 각각이 정확히 무엇을 하는지는 설명을 할 수가 없었다.

학제간 융합수업 수강을 기다렸다.

1, 2학년 시절 선배들이 타 학과와 함께 융합수업 후에 발표회와 전시회를 하는 것을 보고 나도 융합수업을 수강할 날을 손꼽아 기다렸다. 3학년 2학기가 되어 그렇게 기다리고 기다렸던 융합수업을 듣게 되었다. 1학기에 UX 기초 수업에서 디자인학과끼리 완전히 새로운 서비스를 만들었던 것과는 달랐다. 융합수업에서는 실제 기업체와 산학으로 프로젝트를 하고, 심지어 경영학과와 함께 진행해서 진짜로 '일'을 하는 기분이 들었다. 1학기에는 느낄 수 없었던 실체감과 구체화가 되는 것을 많이 느꼈다. '왜 UX의 결과물이라고 하면 항상 웹이나 앱밖에 없을까' 라는 생각을 했다. 그리고 나는 UX를 배우면서, 웹과 앱은 단순히 산출물의 일부라는 것을 알게 되었

고, 그 두 가지에 우리의 경험 디자인을 제한하고 싶지 않았다. 그리고 보여주고 싶었다. UX는 웹, 앱 디자인이 전부가 아니라는 것을! 그래서 우리 1팀에서는 웹과 앱에 국한되지 않게, 사람들이 실제로 느끼는 종합적이고 감각적인 사용자 경험으로 프로젝트를 풀었다. 학제간 융합수업을 하면서 이제 UX가 무엇인지 선명하게 알게 되었다.

UX와 BX 수업을 동시에 수강하면서 내가 경험 디자인을 좋아하고, 하고 싶다는 것도 알게 되었다. 융합수업은 한경대 디자인학과 수업 중에서 내가 가장 듣고 싶었던 수업이다. 그리고 몇 년 동안의 기다림은 그에 걸맞게 나에게 큰 깨달음을 주었다. 융합수업을 들으면서 UX의 방법이나 과정에 대해서 알아가고 멋진 결과물을 내는 것도 좋았지만, 가장 좋았던 점은 '내가' 나의 디자인에 대한 이해가 생겼다는 점이다. 융합수업을 통해서 내가 하는 디자인이 어떤 것인지를 알고, 내가 무엇을 하고 싶은지를 알고, 결국은 내가 어떤 사람인지를 알게 된 것 같다.

책 + 경험디자인 = 노답교실 821

나는 책을 읽는 것을 사랑하는 사람은 아니지만, 책을 좋아한다. 그리고 책을 만드는 것도 좋아한다. 디자인학과에 와서 책을 만드는 시도는 슬금슬금 꽤 많이 했다. 친구들과 동아리를 만들어 잡지를 만드는 것도 몇 번 해보고, 정식으로 출판물 수업을 수강해서 아무도 안 볼 것 같은 망한 책을 만든 적도 있다. 심지어 한경대 디자인학과 26대 졸준위의 도록팀 팀장이다! 그래서 이번에 우리 수업을 가지고 노답교실이라는 책을 만든다고 했을 때도 별 고민 없이 참여하고 싶다는 생각이 들었다. '디지털 컨텐츠 전공생 중에서 아마 책을 가장 많이 만들어보지 않았을까?'하는 생각을 가지고 있었기 때문에, 솔직히 말하면 책을 만드는 것에 있어서 다른 친구들 보다 자신이 있었다. 그래서 편집 경험이 없다고 말했던 유리의 걱정에도 언니 믿으라고 말하며 자신 있게 같이 하자고 했었다.

초반에 교수님과 미팅을 몇 번하면서 들었던 생각은, 나는 나의 멋진 디자인으로 기막히게 멋진 책을 만들고 싶은데, 교수님이 자꾸 디자인 요소를 덜어내라고 하셨다. 나는 이해할 수 없었고, 서운했다. 그 이후에도 교수님과 대립이 있었던 부분은 서체의 크기, 책 안쪽의 여백 등, 1mm 단위로 왈가왈부하는 디자이너들에게는 예민한 사항들이었다. 처음에 나는 교수님이 너무 기존에 만들었던 책처럼 만든다고 생각했다. 그래서 나는 자꾸만 더 반항하고 싶고 변화를 주고 싶었다. 그런데 시간이 지나 실제로 인쇄해서 제본까지 해보고, 못 이기는 척 교수님의 의견대로 수정하여 비교해 보니 정말 할 말을 잃었다. 이제까지 고지식하게 고집을 피웠던 사람은 바로 나였다. 일대일로 비교해 보면 정말 확연한 차이가 있고, 짧은 시간 내에 점차 단단해져 가는 페이지들을 보며 나 스스로가 조금 부끄러워졌다.

노답교실 프로젝트 초반에는 '나'의 디자인에 대한 욕심이 있었다. 이 책을 실제로 읽는 사람은 누구이며, 이 책이 만들어진 목적에 대한 이해가 부족했었다. 교수님과의 그런 '대립'을 통해서 나는 '책'을 디자인하는 과정을 배웠다. 아니, '독서라는 경험'을 디자인하는 과정을 배웠다. 디자인 요소를 사용해서 시각적으로 예쁘게 만드는 것도 중요하지만, 실제로 책을 읽는 사람들과 그 사람들이 읽는 과정을 고려하는 디자인을 하는 것이 중요하다는 것을 배웠다. 노답교실 프로젝트 초반에 했던 기대는 편집 실력이 늘고, 멋진 책을 만드는 것이었다. 하지만 지금 나는 생각치도 못했던 '독자를 위한 경험 디자인'을 배웠다. 기대 이상의 배움이 작업 막바지에 갈수록 점점 더 커진 것 같다.

오신원 | 되돌아보기

105
'6.6 비대면에서 활동 중심 협동학습 예시'와 연결

나는 '노답교실 821'의 교정자이자, 2020학년도 융합수업 수강생이다. 당시 처음 경험해본 타 과와의 융합수업은 수업 이후 나에게 남은 것이 가장 많은 수업이었다. 종강 후로 이 수업 자체에 대해 더 생각해볼 일은 없었는데, 이번에 교정 하면서 융합수업이 왜 나에게 많은 것을 남겨줬는지 되돌아볼 수 있었다. 교수님들께서 원활한 융합수업을 위해 하신 노력들, 융합수업으로 이루고자 하신 부분들에 대해서 이해할 수 있었다. 이해하면 할수록 나를 포함한 모든 수강생이 수업 활동에 열심히 임할 수밖에 없었던 이유까지도 알 수 있었다.[105]

융합수업이 하나의 전공을 선택한 학생들에게 굉장히 새로운 경험임은 분명하다. 하지만 이러한 새로운 경험이 유의미한 성과를 거두는 것으로 연결되고 좋은 기억으로 남는 것은, 융합수업을 철저히 준비하신 교수님들의 노력이 없었다면 가능하지 않았을 것이라고 확신한다. 바로 그 부분들을 이 책에서 확인할 수 있다.

원고를 교정하면서 수강생들에 나를 대입하고 있는 나를 발견할 수 있었다. 코로나 때문에 겪었을 어려움과 반대로 덕분에 새롭게 마주하게 된 수업 효과 등, 공감 가는 부분이 많았다. 또 나라면 이번 융합수업의 주제를 어떤 식으로 이끌어 나갔을까, 2020년의 우리 팀이라면 어떤 식으로 진행했을까 하는 생각도 하게 됐다. 교정을 하면서 교수님들의 수업에 대한 의도를 잘 파악했으니, 기회만 된다면 또 융합수업을 수강해서 전보다 더 잘할 수 있겠다는 욕심이 생기기까지 했다. 그만큼 융합수업은 누구에게나 의미 있는 수업이 될 수 있다고 생각한다. 융합수업은 이번에 나에게 원고 교정이라는 경험을 하나 더 남겨주었고, 이런 경험의 기회가 생겨 영광이었다.